Tout Savoir
Pour comprendre et progresser !

# Le Guide parents

détachable

## Toute ma 6e



- Tous les **CORRIGÉS** détaillés
- Les **programmes** expliqués
- Des **conseils** pour accompagner votre enfant selon son **profil**

Hatier

# Sommaire



Les explications sur l'organisation de la 6e ont été rédigées par **Denis Peirou**, journaliste spécialisé dans les questions d'éducation.

Les conseils d'utilisation de l'ouvrage ont été rédigés par **Frédéric Plessiet**, enseignant.

# Dans la continuité de l'école primaire

**La classe de 6$^{e}$ est désormais rattachée, au sein d'un même cycle, au CM1 et au CM2. De quoi assurer une progressivité des apprentissages et éviter que l'entrée au collège ne marque une rupture dans le parcours des élèves.**

## Une classe qui fait le lien

▶ L'entrée en 6$^{e}$, c'est, entre appréhension et goût de la découverte, une page de l'histoire scolaire de votre enfant qui se tourne.

▶ Mais cette première année du collège, souvent présentée comme capitale, est aussi la dernière étape du cycle 3, qui a débuté au CM1. Un cycle qui, pour une transition en douceur, se trouve donc à cheval entre le premier et le second degré.

## Consolider les acquis

▶ Son objectif ? Consolider les acquis. Cette volonté de progressivité des apprentissages entre le primaire et la 6$^{e}$ s'incarne d'ailleurs dans l'existence d'un conseil école-collège, qui réunit les enseignants des deux établissements et qui leur permet d'échanger, en amont de la rentrée, sur les besoins des élèves.

## Lui apprendre son nouveau métier de collégien

▶ Il n'empêche, votre enfant, habitué jusqu'ici à apprendre sous la conduite d'un seul enseignant « généraliste », va devoir trouver ses marques dans un nouvel environnement, saisir les attentes des différents professeurs, discipline par discipline, s'adapter à un nouvel emploi du temps, gagner en autonomie. C'est là l'un des enjeux de cette année : il lui faudra apprendre son nouveau « métier » de collégien.

## Aider son enfant à s'organiser

**4 conseils clés**

1. Aménagez, dans sa chambre, un espace de rangement spécifique pour ses livres et ses cahiers.
2. Affichez son emploi du temps à proximité, à un endroit où il est bien visible et lisible.
3. Faites-lui lire son emploi du temps pour le lendemain et aidez-le à faire son cartable, afin qu'il n'oublie rien ni n'emporte trop de matériel.
4. Vérifiez qu'il note bien sur son cahier de textes les consignes précises des professeurs.

*À noter !*

Beaucoup d'élèves de 6$^{e}$ n'arrivent pas à s'organiser avec un agenda. Aussi, de plus en plus de parents reviennent au **cahier de textes**. En effet, se repérer dans le temps « du mardi au [...] est plus aisé que « du 22 au 29 janvier ».

# L'emploi du temps de votre enfant

**Votre enfant suit environ 25 heures de cours par semaine, auxquelles s'ajoutent 3 heures d'accompagnement personnalisé.**

En principe, l'emploi du temps de votre enfant compte six heures de cours par jour, avec une pause de midi d'au moins une heure et demie.

## Huit disciplines

▶ En français (4 h 30 par semaine), le but est de s'exprimer correctement et clairement, à l'oral comme à l'écrit, de lire et d'analyser différents textes, d'apprendre à raisonner et à argumenter. L'accent est mis aussi sur l'apport des langues anciennes.

▶ En mathématiques (4 h 30), votre enfant pratique très régulièrement le calcul, mental et écrit. Il résout des problèmes liés à la géométrie, à la physique, à l'économie. On s'emploie à créer des passerelles vers d'autres disciplines, notamment l'informatique.

▶ L'histoire-géographie aide votre enfant à se repérer dans l'espace et le temps. L'année de 6e est l'occasion d'aborder la préhistoire et l'antiquité grecque et romaine, la naissance du judaïsme et du christianisme. Ce cours se prolonge par un enseignement moral et civique (3 heures par semaine au total), démarré en primaire et qui se poursuivra au lycée.

▶ Quatre heures sont également consacrées à une langue vivante (voire deux fois trois heures en classe bilangue). Les sciences de la vie et de la Terre, les sciences physiques et la technologie – rassemblées sous l'intitulé « sciences et technologie » – bénéficient, elles, d'un total de quatre heures de cours, qui, dans le temps, pourront être réparties différemment entre ces disciplines. Votre enfant suit, enfin, des cours d'éducation musicale (1 h) et d'arts plastiques (1 h), ainsi que d'éducation physique et sportive (4 h).

## L'accompagnement personnalisé

▶ À ces enseignements s'ajoutent trois heures d'accompagnement personnalisé, parfois en classe entière, parfois en petits groupes.

▶ Selon les besoins de chacun, cet accompagnement est conçu comme un soutien ou une remise à niveau, ou bien mis à profit pour approfondir ses connaissances.

## La semaine type d'un élève de 6e

| | Lundi | Mardi | Mercredi | Jeudi | Vendredi |
|---|---|---|---|---|---|
| 8 h | Français | EPS | Histoire-Géo EMC | Maths | |
| 9 h | Français | EPS | Maths | Maths | Sciences et technologie |
| 10 h | Sciences et technologie | Anglais | Français | Français | Histoire-Géo EMC |
| 11 h | Sciences et technologie | Acc. personnalisé | Anglais | Sciences et technologie | Français |
| 12 h | | | | | |
| 14 h | Anglais | Arts plastiques | | Éduc. musicale | Maths |
| 15 h | Acc. personnalisé | Histoire-Géo EMC | | Acc. personnalisé | EPS |
| 16 h | | | | | EPS |
| 17 h | | | | | |

# Deux types d'évaluations

**Pour ne pas s'en tenir à des notes trop souvent perçues comme des sanctions et pour mieux mesurer la maîtrise du socle commun, le bulletin trimestriel est complété par une évaluation globale à la fin de chaque cycle, notamment en fin de 6$^{e}$.**

Privilégier une évaluation bienveillante, qui encourage au lieu de démotiver, et qui rende mieux compte des progrès de l'élève. Tel est l'esprit du livret scolaire.

## Les bulletins trimestriels

▶ Dans ce document prennent place notamment les bulletins trimestriels, qui vous aideront à apprécier le niveau de votre enfant matière par matière, de même que des appréciations générales sur son travail, son comportement, son implication dans les projets menés, etc.

▶ Ces bulletins précisent les parties du programme sur lesquelles votre enfant est évalué et indiquent si les objectifs d'apprentissage sont non atteints, partiellement atteints, atteints ou dépassés.

## Un bilan des apprentissages à la fin du cycle

▶ Le livret inclut par ailleurs, à la fin de chaque cycle de trois ans, une fiche offrant un bilan global des apprentissages du socle. L'évaluation porte alors sur chacun des huit domaines et sous-domaines qui composent ce dernier (voir l'encadré p. 5). Elle n'est pas exprimée au moyen d'une note mais elle s'appuie sur un indicateur simple, comportant quatre degrés de maîtrise : insuffisante, fragile, satisfaisante ou très bonne.

▶ Grâce à cette double évaluation, par trimestre et par cycle, le livret vous permet d'appréhender en un même document, sur la durée de la scolarité obligatoire, les progrès de votre enfant et les points sur lesquels il devra faire porter davantage ses efforts.

## Établir un contact avec ses enseignants

**4 conseils clés**

1 Participez aux réunions de parents organisées par le collège, au début de l'année, puis en cours d'année.

2 Informez-vous régulièrement de la situation scolaire de votre enfant : copies, relevés de notes et bulletins.

3 Lors d'une rencontre avec un enseignant, vous devez repartir avec des réponses claires :
- Comment l'enseignant évalue-t-il les élèves pendant l'année ?
- Quelle appréciation porte-t-il sur mon enfant ?
- Quels progrès attend-il de lui ?

4 Enfin, informez toujours votre enfant de vos échanges avec ses professeurs.

# L'esprit des programmes

**Les programmes sont conçus par cycles de trois ans – en lien avec le socle commun de connaissances, de compétences et de culture, le « bagage » que chaque élève doit acquérir avant la fin du collège.**

## Des programmes de cycles

▶ Longtemps définis de façon annuelle, avec un corpus précis à aborder avant la fin des cours, les programmes se veulent désormais plus souples, mieux adaptés au rythme d'apprentissage de l'élève. S'ils continuent de fournir un cadre national, ils sont pensés par périodes de trois ans, avec des repères annuels mais aussi et surtout des « attendus » de fin de cycle qui laissent une plus grande latitude aux professeurs, invités à se concerter pour ménager une continuité dans le parcours des élèves.

▶ À la fin de la 6e, la dernière année du cycle de « consolidation », votre enfant devra ainsi maîtriser un ensemble de connaissances et de compétences qu'il a commencé à développer en CM1 et en CM2. Le but est donc de les étayer pour pouvoir, l'an prochain, aborder avec confiance le quatrième et dernier cycle, qui l'emmènera jusqu'à la fin de la 3e et qui sera consacré aux « approfondissements ».

## Le socle commun

▶ Les programmes s'articulent étroitement avec le socle commun de connaissances, de compétences et de culture, qui est le « bagage » commun à tous les élèves à la sortie du collège (fin de la scolarité obligatoire). Chacun de leurs chapitres fait ainsi référence de manière explicite à un ou plusieurs des cinq grands domaines du socle.

▶ Ces domaines à valider vont bien au-delà des stricts savoirs (voir l'encadré ci-dessous). Avec l'idée que les connaissances et les compétences sont les deux jambes qui permettent à l'enfant de marcher sereinement vers son avenir.

## Les 5 domaines du socle commun

1. **Les langages pour penser et communiquer :** langue française ; langages mathématiques, scientifiques et informatiques ; langues étrangères et régionales ; langages des arts et du corps.
2. **Les méthodes et outils pour apprendre :** moyens d'accès à l'information, documentation, projets individuels et collectifs, organisation de son travail.
3. **La formation de la personne et du citoyen :** apprentissage de la vie en société, action collective et citoyenneté.
4. **Les systèmes naturels et les systèmes techniques :** approche scientifique et technique de la Terre et de l'Univers visant à développer la curiosité, le sens de l'observation, la capacité à résoudre des problèmes.
5. **Les représentations du monde et l'activité humaine :** compréhension des sociétés dans le temps et l'espace, interprétation de leurs productions culturelles, connaissance du monde social contemporain.

# Le programme de français

**Le programme met désormais fortement l'accent sur la pratique de l'oral. Les activités de lecture et d'écriture s'appuient sur un programme de culture littéraire et artistique visant à construire des références communes. L'étude de la langue n'est pas oubliée.**

## Quatre types d'activités

▶ Lecture, écriture, langage oral. En 6$^{e}$, comme au CM1 et CM2, le programme de français est organisé autour d'activités de lecture et d'écriture diversifiées, en lien avec des thèmes de culture littéraire et artistique (*voir ci-contre*). Ce programme met aussi l'accent sur le langage oral. Les élèves apprennent à écouter des interventions, à faire une présentation orale, à débattre.

▶ L'étude de la langue. Prépondérantes, les activités de lecture, d'écriture et d'oral sont complétées par des activités en grammaire, en orthographe et dans le domaine du lexique, qui permettent de comprendre le fonctionnement de la langue française et d'en acquérir les règles.

## Connaissances et compétences

Dans chacun de ces domaines, le programme du cycle 3 met en avant les compétences attendues à la fin de la 6$^{e}$. Les connaissances listées servent à construire ces compétences. Voici, par exemple, les compétences exigibles dans le domaine de l'expression écrite :

- écrire à la main de façon fluide et efficace ;
- écrire avec un clavier d'ordinateur rapidement et efficacement ;
- recourir à l'écriture pour réfléchir et pour apprendre ;
- produire des écrits variés ;
- prendre en compte les normes de l'écrit pour formuler, transcrire et réviser.

## Les thèmes de culture littéraire et artistique en 6$^{e}$

En 6$^{e}$, le programme de français s'articule autour de quatre thèmes de culture littéraire et artistique, associés chacun à des indications de « corpus ».

| **Le monstre, aux limites de l'humain** |
|---|
| • Des extraits de *L'Odyssée* d'Homère ou des *Métamorphoses* d'Ovide<br>• Des légendes antiques ou des contes merveilleux |
| **Récits d'aventures** |
| • Un classique du roman d'aventures<br>• Un film d'aventures |
| **Récits de création et création poétique** |
| • Un extrait long de la Genèse et des extraits d'autres grands récits de création d'autres cultures<br>• Des poèmes célébrant le monde |
| **Résister au plus fort : ruses, mensonges et masques** |
| • Des fables, des fabliaux ou une comédie sur le thème de la ruse et des rapports de pouvoir |

## La lecture d'œuvres en texte intégral

▶ En lien avec ce programme, l'enseignant de français fait étudier en général deux ou trois œuvres en texte intégral. Il demande à ses élèves d'acheter les livres correspondants, le plus souvent dans des collections de « classiques littéraires ».

Il peut s'agir d'œuvres classiques ou contemporaines. Dans tous les cas, ce sont des œuvres littéraires qui – comparativement à un ouvrage de littérature jeunesse – présentent une certaine densité textuelle.

▶ Votre enfant devra donc lire ces œuvres, à la maison, avant leur étude en classe. Mais, rassurez-vous, la lecture de chaque titre est organisée par l'enseignant sur plusieurs semaines.

*Notre conseil*

N'hésitez pas à **lire l'œuvre de votre côté** et à trouver des moments pour en discuter avec votre enfant. Cette lecture parallèle vous permettra par ailleurs de l'aider plus efficacement à préparer un contrôle de lecture ou une explication de texte.

## L'enseignement de l'orthographe

▶ À intervalles réguliers, l'enseignant est amené à consacrer des séances à des notions d'orthographe du programme. Le déroulement type est le suivant : la règle est mise en évidence par les élèves eux-mêmes à l'issue d'une phase d'observation. Différents exercices permettent de la mettre en œuvre, dans des contextes de plus en plus complexes.

▶ À travers les dictées – préparées ou non préparées – l'enseignant évalue les progrès en orthographe de ses élèves et décèle les points non acquis sur lesquels il devra revenir.

▶ La rédaction permet le réemploi des apprentissages orthographiques. En général, les élèves aiment raconter une histoire, imaginer un dialogue, créer un poème mais, dans le feu de l'invention, ils oublient souvent leurs connaissances orthographiques. Le professeur de français leur apprend à revenir sur leurs textes, après la phase de conception, et à corriger les erreurs qu'ils ont laissées passer.

## Les travaux d'écriture

▶ En classe de 6e peuvent être proposés toutes sortes de travaux d'écriture. L'élève doit progressivement devenir capable de produire un texte narratif d'une page (environ 20 lignes), cohérent et lisible.

▶ Ces travaux sont le plus souvent effectués en classe, individuellement ou en groupe, mais ils peuvent également être préparés à la maison (travail au brouillon).

▶ Si votre enfant doit rédiger un paragraphe à la maison, aidez-le en premier lieu à s'approprier la consigne en lui demandant de se représenter la tâche à accomplir. Il s'agit de le mettre « en projet » et de lui permettre de comprendre ce qu'on attend exactement de lui. Une vision claire du produit fini est souvent une garantie de réussite.

▶ Par ailleurs, un travail écrit gagne en qualité quand il est repris plusieurs fois. Progressivement, il s'agit de lui apprendre :
– à relire sa production comme un « objet » séparé de lui en vérifiant qu'il a bien appliqué la (ou les) consigne(s) d'écriture ;
– à repérer ses fautes d'orthographe (grammaticales ou lexicales) ;
– à isoler ses erreurs « fines » telles que les répétitions, l'emploi de verbes passe-partout, de tournures familières.

## L'inciter à lire de manière régulière

Il est important de proposer à votre enfant des occasions de lecture, hors contexte scolaire.

1. Inscrivez-le dans la **bibliothèque-médiathèque** la plus proche de chez vous et incitez-le à y emprunter régulièrement des livres, quels qu'ils soient (y compris BD et mangas !).

2. Si c'est possible, offrez-lui un livre de temps en temps. Emmenez-le dans une librairie ou au rayon livres de votre grande surface et laissez-le choisir librement le sujet qui l'intéresse ou la couverture qui l'attire.

3. Regardez ensemble un **film adapté d'un roman**, puis proposez-lui de lire le livre.

# Le programme de mathématiques

**Le nouveau programme met la résolution de problèmes au centre des apprentissages. C'est en résolvant des problèmes que les élèves s'approprient les notions au programme du cycle 3 et mettent en œuvre les six compétences majeures de la discipline : chercher, modéliser, représenter, calculer, raisonner et communiquer.**

## Les grands thèmes du programme

À chacun de ces thèmes sont associés des « attendus de fin de cycle » : il s'agit de compétences construites au cours du cycle et qui devront être maîtrisées en fin de 6$^{e}$.

▶ Nombres et calculs. En 6$^{e}$, les élèves manipulent fractions simples et nombres décimaux et pratiquent des activités de calcul mental, posé ou instrumenté (quatre opérations).

- Utiliser et représenter des fractions simples, les nombres décimaux.
- Calculer avec des nombres décimaux.
- Résoudre des problèmes en utilisant des fractions simples, les nombres décimaux et le calcul.

▶ Grandeurs et mesures. Les grandeurs étudiées sont des grandeurs géométriques : longueur, aire, volume et angle.

- Comparer, estimer, mesurer des grandeurs géométriques.
- Utiliser les unités, les instruments de mesures spécifiques de ces grandeurs.
- Résoudre des problèmes impliquant des grandeurs.

▶ Espace et géométrie. Les activités géométriques pratiquées en 6$^{e}$ se distinguent par une part croissante accordée au raisonnement et à l'argumentation.

- Se repérer et se déplacer dans l'espace en utilisant des représentations.
- Reconnaître, décrire, reproduire, construire des figures et solides usuels.
- Reconnaître et utiliser des relations géométriques : perpendicularité, parallélisme, égalité de longueurs ou d'angles, symétrie, agrandissement...

## Deux axes clés : résolution de problèmes et utilisation des outils numériques

▶ Chacun des grands thèmes débouche sur la résolution de problèmes, une activité qui donne sens aux différents apprentissages.

En 6$^{e}$, l'élève doit savoir prélever des informations dans différents supports, construire une démarche et la restituer par écrit. Lui sont également proposés des problèmes pour apprendre à chercher : ceux-ci ne se résolvent pas uniquement avec une ou plusieurs opérations, mais nécessitent un raisonnement et des recherches par tâtonnements.

▶ En complément des outils traditionnels, votre enfant apprend à utiliser des outils numériques. Ainsi, l'usage de la calculatrice lui permet d'accroître sa maîtrise des techniques de calcul.

*Info*

Dans le cadre des activités sur le thème « Espace et géométrie », votre enfant est initié à la **programmation** et paramètre des déplacements ou des constructions de figures.

## L'évaluation en maths

L'évaluation en maths peut prendre la forme :

– d'un questionnement oral collectif ou individuel en début de séance, qui permet au professeur de savoir s'il est nécessaire de revoir tel ou tel point qui n'aurait pas été compris ;

– d'une interrogation écrite courte (le plus souvent « surprise ») pour vérifier qu'un point particulier ou une méthode ont bien été compris ;

– d'un « contrôle de connaissances » sur le chapitre qui vient d'être terminé ;

– d'un contrôle portant sur différents thèmes. Ce type d'évaluation (dite « sommative ») permet aux élèves de faire le lien entre les différentes notions et au professeur de s'assurer que celles-ci sont définitivement acquises.

*À noter !*

Les contrôles sont toujours **planifiés** au moins une semaine à l'avance, de manière que votre enfant ait le temps de s'y préparer.

## Aider votre enfant en maths

Veillez à ce que votre enfant travaille régulièrement en maths, à l'issue de chacun des cours.

Lors de la préparation d'un contrôle, vous ne devez pas hésiter à intervenir – au moins au début de l'année.

▶ Commencez par l'interroger sur ce qu'il a retenu du chapitre vu en classe. Vous pourrez ensemble comparer ses connaissances avec le cours pris dans le cahier ou celui qui se trouve dans son manuel.

▶ Attachez-vous à distinguer la structure du cours, c'est-à-dire les différentes parties, les mots clés. Repérez également les éléments à apprendre par cœur : définitions et propriétés. Elles lui serviront à réussir les exercices.

▶ Enfin, proposez-lui de résoudre quelques exercices qui permettent d'appliquer les notions du cours. Vous pouvez commencer par revoir ceux déjà faits en classe, utiliser ceux de son manuel, ou vous appuyer sur le chapitre correspondant dans ce *Tout savoir*.

## Analyser la correction d'un contrôle

Expliquez à votre enfant qu'il doit être attentif au cours de la correction du contrôle en classe et décryptez avec lui les annotations de sa copie. Le professeur fait trois types de remarques.

1. La **remarque générale** : elle est située en haut de la page et résume l'évaluation de l'élève (ex. : « Bon travail ») ;

2. Les **remarques ponctuelles** : elles jalonnent le devoir et mettent l'accent sur des points précis (ex. : « Méthode non comprise » ; « Vérifiez votre calcul » ; « Cette construction manque de soin », etc.) ;

3. Les **corrections** : elles sont une aide individualisée ; leur objectif : permettre à l'élève de ne plus renouveler les erreurs correspondantes.

# Le programme d'anglais

**En 6e, quatre heures hebdomadaires sont consacrées à l'apprentissage d'une langue étrangère ou régionale. Le plus souvent, il s'agit de l'anglais. L'accent est mis sur la communication et la découverte culturelle.**

## Un apprentissage en référence au Cadre européen

▶ Le programme d'anglais et des autres langues vivantes s'inscrit dans le Cadre européen commun de référence pour les langues (CECRL), qui définit 6 niveaux de compétence, de A1 (« utilisateur élémentaire ») à C2 (« utilisateur expérimenté »).

▶ À l'issue du cycle 3, votre enfant doit avoir atteint au moins le niveau A1, c'est-à-dire le « niveau de découverte », dans les cinq activités langagières.

- Écouter et comprendre : l'élève s'entraîne à distinguer les sons, les rythmes, les intonations de la langue parlée et à saisir le sens global d'un énoncé oral.
- Lire et comprendre : les tâches proposées à l'élève doivent lui permettre d'avancer dans la compréhension d'un document écrit informatif ou narratif.
- Réagir et dialoguer : l'élève doit être en mesure de participer à une conversation. Les activités portent sur des situations de la vie quotidienne ou font aussi appel à l'imaginaire. La production de l'élève peut être brève, comporter des hésitations, mais il doit réussir à se faire comprendre.
- Parler en continu : dans la prise de parole en continu, les énoncés sont plus complets et la production de l'élève, plus complexe que dans l'expression orale en interaction.
- Écrire : le travail d'expression écrite se caractérise par des activités courtes et fréquentes. Il s'agit d'apprendre à construire des énoncés simples mais cohérents.

## Les activités linguistiques et culturelles

▶ La pratique des activités langagières est confortée par des activités linguistiques (lexique, grammaire, prononciation) et des activités culturelles.

▶ L'enseignant s'efforce le plus souvent de partir des réalités culturelles des pays anglo-saxons pour construire ses cours : selon le cas, il peut évoquer des modes de vie, des repères historiques ou géographiques, etc. L'objectif est de faire acquérir aux élèves de premiers repères culturels afin de développer leur curiosité et leur goût de l'altérité.

## L'organisation d'un cours

▶ Une séance « type » débute par un retour sur le cours précédent (correction d'exercices, interrogation orale...). Commence ensuite la nouvelle leçon.

▶ L'accent est mis sur la communication à l'oral. L'enseignant s'appuie sur les productions des élèves pour écrire certains éléments au tableau. Ils seront recopiés dans le cahier en fin de séance. Cette « trace écrite » permet de dégager les principaux points abordés pendant le cours, qu'ils soient culturels, grammaticaux, lexicaux et/ou phonologiques.

**À savoir !**

À l'intérieur d'une séquence (ensemble de séances sur un thème ou un chapitre), l'enseignant met en œuvre, de manière équilibrée, les différentes activités langagières.

## L'évaluation en anglais

▶ L'évaluation peut prendre la forme :
- d'une interrogation en début d'heure, qui permet de revenir sur la séance précédente et de vérifier les acquis au fur et à mesure ;
- d'un contrôle de connaissances en fin de séquence. Ce contrôle peut comprendre des exercices lexicaux et grammaticaux, un test de compréhension écrite et/ou de compréhension orale, un exercice d'expression écrite.

▶ Votre enfant est aussi évalué sur sa participation orale et reçoit une note par trimestre qui prend en compte la fréquence et la qualité de ses interventions en classe.

## Aider votre enfant en anglais

▶ L'enseignant d'anglais donne toujours un « travail » à faire pour le cours suivant (*homework*). L'essentiel de ce travail consiste à mémoriser la leçon du cahier et à s'entraîner à bien la prononcer en l'apprenant à voix haute. Votre enfant aura parfois également un ou deux exercices écrits consistant par exemple à réutiliser des acquis grammaticaux, à préparer un commentaire d'image ou des questions à poser à ses camarades.

▶ Aidez-le surtout à apprendre ses leçons. Pour progresser dans une langue vivante, il est très important de prendre du temps pour mémoriser au fur et à mesure les mots de vocabulaire et les structures nouvelles, en les prononçant et en les recopiant.

## L'anglais en dehors du collège

C'est en prenant l'habitude de parler anglais et en y prenant du plaisir que votre enfant progressera véritablement. Voici quelques suggestions.

1. Regarder des films ou des séries anglo-saxonnes en VO est un excellent moyen d'améliorer son anglais. Proposez à votre enfant de les visionner une première fois avec les sous-titres en français, puis une seconde fois avec les sous-titres en anglais.
2. C'est un plaisir pour votre enfant d'écouter ses chanteurs anglais ou américains préférés et de chanter leurs chansons. Il apprend à placer correctement l'accent et à employer la bonne intonation. Par ailleurs, il cherche à comprendre les paroles.
3. Lire des journaux en anglais. Pour les 6e, on peut citer *My weekly* (www.playbac.fr/myweekly/) et *I love English* (12-15 ans ; 10 numéros par an + CD audio).
4. Internet offre une large gamme d'outils. Par exemple, BBC Learning English propose de très intéressantes ressources pour s'entraîner ; YouTube permet de visionner de nombreuses vidéos : reportages, interviews, etc.

## Les séjours linguistiques, le correspondant

Un séjour dans un pays anglophone permet de pratiquer l'anglais dans un cadre de vacances, au contact de jeunes étrangers.

▶ Si votre enfant est âgé de 11 ou 12 ans, privilégiez un séjour court, avec option cours et activités. Il existe des formules sport et langues qui allient activités sportives (football, tennis, équitation, etc.) et activités linguistiques.

▶ Quoi qu'il en soit, il convient de choisir avec soin l'organisme et de bien vérifier les conditions du séjour : déroulement des cours, conditions d'hébergement, nombre d'heures dispensées, activités proposées, encadrement.

▶ Un correspondant permet d'échanger à intervalles réguliers. Parfois le contact peut déboucher sur une invitation dans le pays.

▶ On peut trouver un correspondant grâce à son réseau personnel, à l'aide du professeur de langues ou sur un site spécialisé.

# Le programme d'histoire-géographie et d'EMC

**À raison de trois heures par semaine, les élèves de 6e étudient la préhistoire et l'Antiquité, ainsi que le peuplement de la Terre à différentes échelles. En enseignement moral et civique (EMC), les différents thèmes sont étudiés dans le cadre du collège et dans celui de la municipalité.**

## Les thèmes du programme en histoire

▶ Histoire de l'humanité et des migrations. La préhistoire est abordée des débuts de l'humanité à la « révolution » néolithique. L'étude des premiers États et des premières écritures se place dans le cadre de l'Orient ancien.

▶ Récits fondateurs, croyances et citoyenneté dans la Méditerranée antique au Ier millénaire avant J.-C. Ces civilisations qui s'épanouissent à Athènes, à Rome et à Jérusalem sont étudiées à travers la confrontation des récits mythiques et des connaissances archéologiques.

▶ L'Empire romain dans le monde antique. L'Empire romain et les débuts du christianisme complètent l'étude de l'Antiquité ; la civilisation chinoise des Han est abordée à travers le thème de la route de la soie.

## Les thèmes du programme en géographie

▶ Habiter une métropole. Les métropoles sont étudiées dans le monde actuel et dans la perspective de l'avenir.

▶ Habiter un espace de faible densité. Avec ce thème, il est question à la fois des espaces dont les contraintes naturelles limitent le peuplement et des espaces à vocation agricole.

▶ Habiter les littoraux. Fortement peuplés, les littoraux sont étudiés dans leur aspect industriel, portuaire, mais aussi touristique.

▶ Le monde habité. Sont présentés les foyers de peuplement à travers le monde et la façon dont les humains occupent leur espace.

## Les thèmes du programme en EMC

▶ La sensibilité. Votre enfant est amené à réfléchir au respect de soi et des autres.

▶ La règle et le droit. Les notions de droits et de devoirs sont abordées en lien avec les valeurs de la République, dans le cadre de l'école (droit à l'éducation, règlement intérieur...), mais aussi de la commune.

▶ Le jugement. Il s'agit pour votre enfant de former son esprit critique et de prendre part à un débat argumenté. Il apprend ainsi à questionner les préjugés et les stéréotypes.

▶ L'engagement. Sous ce thème sont abordés aussi bien le vote démocratique que l'engagement associatif.

## Socle commun et compétences

▶ L'histoire et la géographie relèvent principalement du domaine du socle intitulé des « Représentations du monde et de l'activité humaine ». L'enseignement moral et civique contribue à celui de la « Formation de la personne et du citoyen ».

▶ À travers l'étude des différents thèmes du programme de 6e, votre enfant apprend à reconnaître des sources documentaires et à lire des documents variés (une carte, une frise chronologique, un texte historique…). Il s'entraîne à exploiter des ressources numériques.

▶ Il utilise ses connaissances pour communiquer, débattre, échanger. Il réalise des productions graphiques et rédige des textes argumentés. Le travail en groupe peut conduire à une production collective où chacun apporte ses connaissances et compétences.

## Le travail en classe

▶ Lors du cours, les élèves sont amenés à réfléchir à une question clé soulevée par le professeur. Grâce à une étude de documents et à la mise en commun des réflexions de chacun, l'enseignant dégage les grandes lignes de la leçon et les synthétise au tableau pour que l'élève puisse les recopier.

▶ Cette synthèse est complétée d'éléments dictés par le professeur. Ces compléments oraux aident votre enfant à gagner en autonomie lors de la prise de notes.

## Le travail à la maison

▶ Une partie du travail consiste à revoir la leçon, particulièrement en mémorisant les mots nouveaux. Cependant, il ne faut pas se contenter d'apprendre par cœur une leçon, car votre enfant doit savoir lire des documents et en extraire des informations. Posez-lui des questions sur les documents étudiés en classe afin de vous assurer qu'il a compris les notions étudiées.

▶ Le manuel contient des repères et des documents sur lesquels s'appuie la leçon. Encouragez votre enfant à l'utiliser pour compléter la leçon prise sur son cahier.

▶ Votre enfant peut être amené à effectuer des recherches sur Internet. Aidez-le à repérer des sites fiables pour trouver les réponses dont il a besoin.

## Prolonger le cours d'histoire-géo

Le quotidien offre des exemples concrets pour prolonger les connaissances acquises en classe.

1 Pour prolonger le cours d'**histoire** : les traces de civilisations anciennes sont mises en valeur en France ; montrez à votre enfant leur présence concrète dans votre région.

2 Pour prolonger le cours de **géographie** : préparez ensemble un itinéraire de vacances sur une carte et observez la diversité des paysages (ville, montagne, campagne, littoral…).

3 Pour prolonger le cours d'**EMC** : discutez en famille de thèmes qui vous tiennent à cœur, expliquez votre point de vue, associez-le aux temps forts de la vie citoyenne comme, par exemple, une élection.

# Le programme de sciences et technologie

**La réforme du collège met en place en 6e un enseignement intégré des sciences et de la technologie, qui prend en compte les enjeux de santé, de sécurité et d'environnement.**

## Les thèmes du programme

Les thèmes du programme de 6e sont communs aux trois années du cycle, avec un plus fort degré de généralisation et d'abstraction pour la dernière année du cycle.

▶ Matière, mouvement, énergie, information. Les états de la matière sont décrits et font l'objet d'expériences. Est également appréhendée la notion de mouvement. Les conversions d'énergie s'appliquent à la chaîne d'énergie domestique et introduisent le thème de l'économie d'énergie.

▶ Le vivant, sa diversité et les fonctions qui le caractérisent. L'étude des liens de parenté entre les êtres vivants est élargie à la structure cellulaire. Le développement des êtres vivants est analysé du point de vue de la nutrition et de la reproduction. Le thème de la nutrition prend en compte le rôle des micro-organismes, la transformation et la conservation des aliments. L'origine de la matière organique (notamment la chaîne alimentaire) et son devenir (décomposition) constituent le dernier sous-thème.

▶ Matériaux et objets techniques. L'accent est mis sur l'usage des objets. Les élèves apprennent à décrire le fonctionnement d'un objet technique en considérant ses fonctions et ses constituants. Ils étudient le choix des matériaux et peuvent le justifier ou le critiquer. En groupe, ils produisent un objet technique qui répond à un besoin technologique.

▶ La planète Terre, l'action humaine sur son environnement. Il s'agit d'évoquer l'histoire de la Terre et le développement de la vie. La géologie et les risques naturels permettent d'aborder la question de la gestion des risques. L'étude du peuplement des milieux s'accompagne d'une analyse de l'action des humains sur l'environnement.

## L'organisation des cours

▶ Les quatre heures hebdomadaires peuvent être réparties entre trois enseignants spécialisés (de SVT, de physique-chimie et de technologie). Les professeurs organisent leur progression en fonction des ressources environnementales de la région, des documents et du matériel dont ils disposent. Il n'y pas d'ordre imposé pour traiter les thèmes du programme.

▶ Au point de départ de chaque séquence, une situation la plus concrète possible qui pose problème. Il s'agit de susciter la curiosité des élèves. Ceux-ci cherchent la solution du problème posé, la réponse à la question soulevée, par diverses méthodes : lecture de documents, observation, expérimentation. En faisant varier les modes de recherche, les enseignants leur font acquérir les différentes compétences inscrites dans le programme.

▶ Une démarche par projet favorise l'interaction entre les différentes disciplines et préfigure les EPI (enseignements pratiques interdisciplinaires) qui seront mis en place en 5e. Les thèmes de technologie se prêtent particulièrement à cet exercice.

*Remarque*

Le **cahier** ne contient pas un simple résumé du cours. Il porte surtout la **trace des activités** de l'élève en classe, de ses essais et de ses erreurs éventuelles.

# Aider son enfant dans son travail

**Les recherches en neurosciences et en pédagogie ont montré que la réussite scolaire repose essentiellement sur la capacité de l'enfant à connaître ses propres stratégies d'apprentissage. Et l'on sait que ses performances sont directement liées aux attentes que l'on place en lui et au regard bienveillant que l'on porte sur lui.**

En classe, les enseignants travaillent les connaissances et les méthodes pour apprendre. À la maison, prenez le temps de l'aider à réfléchir sur sa manière d'apprendre et gagner peu à peu en efficacité et en autonomie.

## Observez votre enfant travailler

Focalisez-vous sur les signes révélateurs :

- ses procédures : temps d'attente, ou au contraire précipitation…
- ce qu'il observe : le « chemin » de son regard lorsqu'il lit…
- ce qu'il dit tout bas ou à voix haute : ses interrogations,ses doutes…
- ce qu'il fait : fermer les yeux, utiliser ses doigts, mimer…

## Aidez-le à développer des stratégies adaptées

Posez-lui des questions pour faire émerger ses stratégies :

- comment as-tu retrouvé cette information dans le cours ?
- comment as-tu trouvé la bonne réponse ?
- comment as-tu fait si vite ?
- comment sais-tu qu'il fallait recommencer ?

*Notre conseil*

Réinvestissez les stratégies que votre enfant maîtrise, suggérez des alternatives (les vôtres ou celles identifiées dans l'onglet « Moi en 6e »).

## Accompagner son enfant de manière positive

Pour aider votre enfant dans son travail, veillez à adopter une posture qui favorise l'apprentissage. Vous n'êtes pas enseignant et votre enfant n'est pas en classe.

**3 postures clés**

**1 Encourager**
Évitez de générer du mauvais stress et une perte de confiance qui fragilisent. En encourageant votre enfant, vous renforcez son estime de soi et le préparez à devenir un adulte responsable.

**2 Mettre en valeur les progrès**
Si le découragement se présente à cause d'une « mauvaise note », pointez factuellement un élément réussi, un progrès par rapport à la fois précédente.

**3 Dédramatiser les erreurs**
L'erreur est un point de départ pour progresser. Elle inscrit l'enfant dans un cercle vertueux de réussite. Il n'y a pas d'apprentissage sans erreur !

# Bien utiliser l'onglet « Moi en 6e »

**Placé en début d'ouvrage, l'onglet « Moi en 6e » n'est pas relatif à une matière en particulier. Il peut être lu au préalable ou au fur et à mesure de l'année, avec un adulte ou en autonomie.**

## Un objectif : mieux apprendre

▶ En complément des autres onglets centrés sur l'acquisition des connaissances et compétences propres à chaque discipline scolaire, ce premier onglet vise à développer les stratégies d'apprentissage.

▶ L'objectif est d'aider votre enfant à mieux s'approprier des fonctions déterminantes lorsqu'il apprend : maintenir son attention, planifier les étapes d'une tâche complexe, mémoriser efficacement... tout en respectant les besoins de son corps et en préservant sa propre estime.

▶ En prenant conscience de ses stratégies et en les affirmant, votre enfant sera à la fois plus efficace, plus autonome et plus sûr de lui. Ces outils lui seront utiles à tout moment.

## Comment lire ces pages ?

Si vous abordez cet onglet avec votre enfant, vous pourrez facilement enrichir sa réflexion, grâce à la connaissance intime que vous avez de lui.

▶ N'hésitez pas à engager un véritable échange, en particulier au terme de l'étape « Je prends de la hauteur ! », en faisant référence à ce que vous observez au quotidien, à vos propres stratégies...

▶ Pour prolonger cette première approche réflexive, n'hésitez pas à y faire référence tout au long de l'année, lors de la réalisation des devoirs ou des tâches du quotidien. Votre enfant aura ainsi un retour sur ses progrès et sur le transfert concret de ses stratégies dans la sphère scolaire et même au-delà.

## « Moi en 6e », mode d'emploi

Chaque page se décompose en trois étapes : votre enfant construit progressivement une réponse à l'interrogation posée par le titre.

**3 étapes**

**1 Mini test**
Cette mise en situation simple permet à votre enfant d'initier une réflexion sur le thème donné.

**2 Je prends de la hauteur !**
Les questions posées dans cette étape attirent son attention sur la manière dont il a effectué le mini test et ce qui s'est passé dans son cerveau.

**3 La stratégie pour réussir**
La rubrique détaille une (ou plusieurs) stratégie(s) concrète(s) proposée(s) à votre enfant pour mieux se connaître et maîtriser ses apprentissages.

# TOUS LES CORRIGÉS

# FRANÇAIS

## ▸ Chapitre 1 • page 13

**1** Masculin singulier : **a.**, **b.**, **c.**, **d.**, **g.**, **f.** • Féminin sing. : **i.** • Masculin pluriel : **h.** • Féminin pluriel : **e.**

**2** 3 noms propres : Philéas Fogg ; Douvres ; Passepartout • 5 noms communs : valet ; monde ; œil ; paupière ; sourcil

**3** art. ; art. ; art. ; art. ; dét. poss. ; art. ; art. ; dét. dém. ; dét. poss. ; art. ; art.

**4** **a.** ses amis, du club, des paris • **b.** Les obstacles, les voyageurs, du train, au bateau • **c.** les villes, chaque étape, des imprudences • **d.** ces aventuriers, son village

**5** **a.** ordre ; billets ; collègues ; visas ; effet ; itinéraire • **b.** l' : art. défini ; deux : dét. numéral ; ses : dét. possessif ; cinq : dét. numéral ; les : art. défini ; cet : dét. démonstratif ; mon : dét. possessif • **c.** les ordres ; un billet ; son collègue ; le visa ; ces effets ; mes itinéraires

## ▸ Chapitre 2 • page 15

**1** Pronom personnel : **a.** • Pronom possessif : **c.**, **e.** • Pronom démonstratif : **b.**, **d.**

**2** un nom ; genre ; nombre ; fonction ; places

**3** le : cet enfant ; le : l'enfant ; le : l'enfant ; le : l'enfant ; lui : l'enfant ; l' : l'enfant

**4** **a.** celle • **b.** les leurs • **c.** ceux-ci, la nôtre

**5** **a.** le : fils ; celle-ci : une fille de Lévi ; il : un fils ; elle : une fille de Lévi ; le : un fils • **b.** pronom personnel ; pronom démonstratif ; pronom personnel ; pronom personnel ; pronom personnel • **c.** Voyant combien ils étaient beaux, elle les dissimula pendant trois mois.

## ▸ Chapitre 3 • page 17

**1** **a.** courageux • **b.** brodées • **c.** sombre • **d.** épiques • **e.** inoubliable • **f.** obscure • **g.** brave

**2** antique, grec, artistiques, commun, long, aventureux

**3** **a.** attribut • **b.** attribut • **c.** épithète, épithète • **d.** attribut

**4** **a.** La courageuse héroïne se montre très audacieuse. • **b.** Les nombreuses aventures d'Ulysse nous semblent toujours aussi passionnantes. • **c.** La dévouée Pénélope est fidèle à Ulysse. • **d.** Les sanctions divines sont éternelles.

**5** **a.** gras ; chargées ; pleines ; renfermés ; pleins ; petit

**b.** gras : épithète ; chargées : attribut ; pleines : attribut ; renfermés : attributs ; pleins : attribut ; petit : épithète

**c.** Et toutes les amphores étaient pleines, dans lesquelles la crème flottait sur le petit lait.

## ▸ Chapitre 4 • page 19

**1** Vrai : **d.** • Faux : **a.**, **b.**, **c.**

**2** était → Il • eût su → on • dit → sa mère • se porte → ta mère-grand • a dit → on • était → elle

**3** **a.** un adorable chaperon rouge (COD) • **b.** à la fausse grand-mère (COI) • **c.** le Petit Chaperon rouge (COD) ; à le sauver (COI)

**4** **a.** attribut du sujet • **b.** COD • **c.** COD, COD

**5**

| Sujet | COD | COI |
|---|---|---|
| • Les contes<br>• ils<br>• Des écrivains<br>• un même conte<br>• L'univers merveilleux du conte | • ces récits<br>• plusieurs versions | • à une tradition orale et populaire<br>• de génération en génération<br>• aux petits comme aux grands |

**6** **a.** Le loup et le Petit Chaperon rouge, les personnages du conte de Perrault, sont couchés dans le lit de la grand-mère de la fillette.

**b.** Le loup s'est revêtu des habits de la grand-mère afin de mieux tromper la petite fille et de pouvoir l'attirer jusqu'à lui pour la dévorer : il se fait passer pour la vieille dame alitée.

**c.** Le Petit Chaperon rouge, à droite, semble inquiet. Elle regarde la personne qui prétend être sa grand-mère avec méfiance, elle n'est pas rassurée.

## ▸ Chapitre 5 • page 21

**1** CC de lieu : **a.** • CC de moyen : **f.** • CC de manière : **d.**, **e.** • CC de temps : **b.**, **c.**

**2** **a.** moyen • **b.** manière • **c.** manière, manière

**3** **a.** s'en, sans, près • **b.** près, s'en, sans • **c.** près, prêt

**4** **a.** en France, au XVII$^{e}$ siècle • **b.** à l'oral, à l'écrit • **c.** subitement, dans ses propos

**5** **a.** Les personnages représentés sont Barbe bleue et sa jeune épouse : les personnages du conte de Perrault. Au premier plan, la clé du fameux cabinet interdit est mise en valeur.

**b.** Le personnage de gauche a un regard inquiétant, il a les yeux écarquillés et veut paraître redoutable : il souhaite se faire menaçant vis-à-vis de la jeune femme.

**c.** À droite, la jeune femme baisse la tête et paraît craintive : elle semble avoir peur et redoute sans doute l'autorité de son mari très imposant.

**d.** Barbe bleue porte un riche manteau de velours et un chapeau assorti d'une grande plume.

## ▸ Chapitre 6 • page 23

**1** **a.** 2 • **b.** 4 • **c.** 4

**2** **a.** PS • **b.** PC • **c.** PC

**3** [Comment l'aurais-je fait] [si je n'étais pas né] ? [Reprit l'Agneau] ; [je tête encore ma mère.]

– [Si ce n'est toi,] [c'est donc ton frère.]
– [Je n'en ai point.]
– [C'est donc quelqu'un des tiens ;]
[Car vous ne m'épargnez guère,
Vous, vos bergers, et vos chiens.]

La Fontaine, « Le Loup et l'Agneau », *Fables*, 1668.

**4** **a.** PI • **b.** PS • **c.** PI

**5** **a.** Quelle est la morale de cette fable ? • **b.** Qui est La Fontaine ? • **c.** Que critiquait La Fontaine à travers ses fables ?

**6** **a.** et **b.** [À l'origine, La Fontaine écrit ses fables pour instruire le dauphin de France.] [En effet, ces histoires, [qui parlent des hommes et des animaux,] contiennent généralement une morale] [et délivrent un enseignement.] [La Fontaine critique la société de son époque.] [Il met en scène des animaux,] [qui, en réalité, représentent les hommes.] [Par exemple, le lion incarne le roi,] [que le fabuliste peut ainsi critiquer de manière indirecte.]

## ▸ Chapitre 7 • page 25

**1** **a.** rentrent de vacances • **b.** jouons aux échecs • **c.** nous apportent une surprise • **d.** allez à la piscine

**2** Nicolas ; un jeune écolier ; le meilleur copain de Nicolas ; il ; tous ; ils ; ils ; Agnan

**3** **a.** aiment • **b.** veulent • **c.** interroge • **d.** gronde

**4** **a.** joue • **b.** sortent • **c.** discutent • **d.** préparent • **e.** envoient • **f.** s'appelle

**5** **a.** M. Compani → a dit ; les Courteplaque → devaient ; M. et Mme Courteplaque → sont et habitent ; ils → ont ; une fille → s'appelle et a • **b.** Le pronom « nous » est COI du verbe « a dit » dont le sujet est M. Compani. • **c.** Mme Courteplaque est notre voisine, qui habite la maison juste à côté de chez nous, et elle a une fille qui s'appelle Marie-Edwige, qui a mon âge, avec des cheveux jaunes et des yeux bleus très chouettes.

## ▸ Chapitre 8 • page 27

**1** un verbe ; auxiliaire ; temps

**2** **a.** être • **b.** être • **c.** avoir • **d.** avoir

**3** accrochée ; cueillie ; fendu ; retiré ; portés ; vue

**4** **a.** tombé • **b.** enlevée • **c.** perdu • **d.** décidé • **e.** gelés ; maintenues • **f.** ordonné • **g.** acceptée ; posé • **h.** mangés

**5** **a.** a été enlevée ; a refusé ; se sont durcis ; a été gelée ; a disparu ; ont commencé ; ont été consultés ; ont obligé ; a recommencé • **b.** appelée ; gardée ; soulagée • **c.** appelée : participe passé employé seul comme adjectif, accord avec le nom Cérès ; gelée : participe passé, auxiliaire être, accord avec le sujet « la terre » ; consultés : participe passé, auxiliaire être, accord avec le sujet « Les dieux de l'Olympe » • **d.** Zeus a été consulté et il a obligé Hadès à rendre sa fille à Cérès.

## ▸ Chapitre 9 • page 29

**1** faux ; faux ; juste

**2** **a.** une louve • **b.** l'héroïne • **c.** cette amie • **d.** quelle championne

**3** **a.** humaine, transformés • **b.** incroyables, vécues • **c.** dotés, exceptionnels, capables, étonnantes

**4** **a.** Des écharpes de soie bleue • **b.** Un mythe de l'Antiquité grecque • **c.** Des objets d'art vendus aux enchères

**5** **a.** ses nouvelles victoires • **b.** une courageuse épouse • **c.** les mystérieuses potions magiques • **d.** ces ruses perfides et dangereuses

**6** Circé : rusée ; compagnons : imprudents ; cochons : véritables ; personne : avisée ; personne : courageuse ; antidote : puissant ; magicienne : cruelle ; intelligence : profonde ; pièges : nombreux

**7** **a.** et **b.** Et ils trouvèrent, dans une vallée, en [un lieu découvert], [les demeures de Circé], construites [en pierres polies]. Et tout autour erraient [des loups montagnards] et des lions. Et Circé les avait domptés [avec des breuvages perfides]. • **c.** la demeure de Circé ; une pierre polie ; un loup montagnard ; un breuvage perfide

## ▸ Chapitre 10 • page 31

**1** **a.** à, à • **b.** où, ou • **c.** ont, dans • **d.** les, sont

**2** a ; À ; a ; à ; À ; à ; a ; a ; a

**3** **a.** La, l'a, la • **b.** La, la • **c.** l'as, la, la

**4**

| | A | B | C | D | E | F | G |
|---|---|---|---|---|---|---|---|
| 1 | | | | | | | V |
| 2 | | | M | A | I | R | E |
| 3 | P | R | E | T | | | R |
| 4 | S | O | T | | | | R |
| 5 | P | E | R | E | | | E |
| 6 | C | O | E | U | R | | |

**5** m'a dit : = *avait* → verbe *avoir* • la : ≠ verbe *avoir* → pronom personnel • à : ≠ *avait* → préposition accentuée • la : ≠ *l'avait* → article défini • l'a : = *l'avait* • l'a : = *l'avait* • les : pronom personnel • les : pronom personnel • ai : = *avais* • où : ≠ *ou bien* • à : ≠ *avait* → préposition accentuée • À : ≠ *avait* → préposition accentuée • les : article défini • sont : = *étaient* • on : ≠ *avaient* → pronom personnel • a : = *avait* • à : ≠ *avait* → préposition accentuée • est : = *était*

## ▸ Chapitre 11 • page 33

**1** Molière ; Scapin ; un Français ; l'Angleterre ; la Grèce

**2** **a.** Quel farceur que ce valet ! • **b.** Pourquoi crains-tu le retour de Géronte ? • **c.** Octave s'est marié sans demander l'avis de son père. • **d.** Crois-tu que Géronte appréciera ?

**3** **a.** En cours de français, nous étudions des pièces de théâtre, des poèmes et des extraits de romans. • **b.** Moi, j'aime beaucoup le théâtre, mais je préfère quand même la poésie. • **c.** Pour ma part, je ne supporte pas d'aller au théâtre ! • **d.** Parmi mes auteurs favoris, il y a Molière, Corneille et Racine.

**4** Scapin. – Est-ce là tout ? Vous voilà bien embarrassés tous deux pour une bagatelle ! C'est bien là de quoi se tant alarmer ! N'as-tu point de honte, toi, de demeurer court à si peu de chose ? Que diable ! Te voilà grand et gros comme père et mère, et tu ne saurais trouver dans ta tête, forger dans ton esprit, quelque ruse galante, quelque honnête stratagème, pour ajuster vos affaires ? Fi ! Peste soit du butor !

Molière, *Les Fourberies de Scapin* (I, 3), 1671.

**5** **a.** Molière fut auteur, comédien, metteur en scène et chef de troupe. • **b.** Ses pièces ont encore un grand succès ; elles sont à la fois comiques et satiriques. • **c.** Quel talent remarquable possède ce comédien : il sait vraiment tout jouer ! • **d.** Je peux citer les personnages principaux de la pièce : Scapin, Octave, Géronte, Argante et Léandre.

**6** Scapin. – Pourquoi êtes-vous si en colère ? (interrogative) • Géronte. – Parce qu'il n'avait pas le droit de se marier sans mon accord ! (exclamative) • Scapin. – Est-ce si grave que ça ? (interrogative) • Géronte. – Oui, j'avais d'autres projets en tête... (déclarative) • Scapin. – Que voulez-vous dire ? (interrogative) • Géronte. – Octave devait épouser la fille de mon ami Argante. (déclarative)

## ▸ Chapitre 12 • page 35

**1** Verbe : **a.**, **d.**, **f.**, **h.** • Nom : **b.**, **c.**, **e.**, **g.**

**2**

| | infinitif | groupe |
|---|---|---|
| **a.** je vais | aller | 3e |
| **b.** vous nagez | nager | 1er |
| **c.** il court | courir | 3e |
| **d.** tu crois | croire | 3e |
| **e.** elle prend | prendre | 3e |

**3** est ; assemble ; [faire] ; [chanter] ; [résonner] ; crée ; faite

**4** **a.** nourrir • **b.** dire • **c.** répondre • **d.** cueillir • **e.** rugir

**5** **a.** contribué, renouveler • **b.** admiré, contesté • **c.** créé, assurer

**6** **a.**, **b.** et **c.** [voul]ut (3e) • [coul]a (1er) • [peign]it (3e) • s'[envol]a (1er) • [dessin]a (1er) • [bris]a (1er) • [peign]it (3e) • [mi]t (3e) • [peigni]t (3e) • [s'ouvr]it (3e) • [entr]a (1er)

## ▸ Chapitre 13 • page 37

**1** **a.** bavardons • **b.** fleurissent • **c.** veux • **d.** accélère • **e.** marchent • **f.** oublies • **g.** frémissez

**2** **a.** apprend • **b.** peux • **c.** savons • **d.** veulent • **e.** dites

**3** **a.** parle, parlons, parlez • **b.** réponds, répondons, répondez • **c.** observe, observons, observez • **d.** finis, finissons, finissez

**4** se noie → se noyer • se voit → se voir • tombent → tomber • apparaît → apparaître • grimpe → grimper • es → être

**5** **a.** PVG • **b.** PVG • **c.** PE • **d.** PVG • **e.** PE • **f.** PVG

**6** **a.** s'élève (présent de l'indicatif) ; respire (présent de l'indicatif) ; marche (présent de l'indicatif) ; n'écrase (présent de l'impératif) • **b.** Ces quatre verbes appartiennent tous au premier groupe. • **c.** Le présent de l'indicatif dans le premier poème a une valeur de présent d'énonciation.

## ▸ Chapitre 14 • page 39

**1** Imparfait : **c.**, **e.** • Passé simple : **a.**, **b.**, **d.**, **f.**

**2** tu nageais ; vous nagiez • tu faisais ; vous faisiez • tu disais ; vous disiez • tu criais ; vous criiez • tu prenais ; vous preniez

**3** **a.** il dut • **b.** je tenais • **c.** ils vinrent • **d.** vous étiez • **e.** tu avais

**4** **a.** s'aventura • **b.** découvrit, se laissa • **c.** furent, rejetèrent • **d.** baptisèrent, retinrent • **e.** resta, voulut

**5** **a.** j'aimais, lisais • **b.** frissonnai, m'enrhumai • **c.** nageais, me promenais, m'ennuyais • **d.** cueillais, décidai, cuisinai

**6** **a.**

| Imparfait | Passé simple |
|---|---|
| disait ; mangeait ; décortiquaient ; dégustaient | vit ; broya ; mangea ; trouva ; arriva |

**b.** Le passé simple permet d'exprimer une action de premier plan, quand l'imparfait permet de décrire ce que font les personnages.

**c.** Les griots mangeaient des noix de cola et le petit garçon décortiquait des arachides, qu'il dégustait avec plaisir.

## ▸ Chapitre 15 • page 41

**1** Futur simple : **a.**, **c.**, **e.**, **f.** • Présent du conditionnel : **b.**, **d.**

**2** je saurai ; nous saurons • je prendrai ; nous prendrons • j'aurai ; nous aurons • je ferai ; nous ferons

**3** il voudrait ; il aimerait

**4** **a.** punirait • **b.** verrait, tomberait • **c.** essaierait, se noierait • **d.** disparaîtrait, pousserait

**5** **a.** j'étudierai • **b.** Je connaîtrai • **c.** Je préfèrerais • **d.** Aurais-je

**6** **a.** apprit ; était ; souhaita ; proposa ; désirerait ; réclama ; aurait ; revint ; fut ; sema ; brûla ; détruisit • **b.** Le conditionnel permet d'exprimer des actions à venir (ce que Phaéton désire) par rapport à un moment du passé (exprimé par le verbe *proposer* au passé simple). • **c.** Une fois lancé à toute vitesse, le char sera incontrôlable et Phaéton, sans le vouloir, sèmera partout la désolation : les terres brûleront, la chaleur détruira les récoltes...

## ▸ Chapitre 16 • page 43

**1** **a.** il a étudié • **b.** il avait étudié • **c.** il aura étudié • **d.** il aurait étudié • **e.** il eut étudié

**2** **a.** a trouvé • **b.** fut • **c.** aurons fini • **d.** passa • **e.** aurait triché, avait surveillé

**3** **a.** imparfait ; j'avais regardé • **b.** futur ; nous aurons eu • **c.** présent ; tu es allé(e) • **d.** conditionnel présent ; vous auriez fait • **e.** imparfait ; ils avaient observé • **f.** passé simple ; tu eus pris

**4** **a.** avoir • **b.** être • **c.** avoir • **d.** être • **e.** avoir

**5** Les verbes en couleur sont conjugués à l'imparfait. Le temps composé correspondant est donc le plus-que-parfait.

Je n'avais plus eu « ma classe » et « mon pupitre ». Nous avions sans cesse changé de local, et les pupitres n'avaient pas été à nous, car ils avaient aussi servi à d'autres, dont nous n'avions pas su grand-chose, sauf parfois le nom, qui avait surgi (à raison d'une lettre par semaine) profondément gravé au couteau dans l'épaisse table de bois dur.

**6** **a.** L'illustration est une photographie ; elle représente une salle de classe avec des écoliers en train de travailler sur ardoise.

**b.** Au premier plan figure un jeune écolier, les yeux levés en l'air, qui réfléchit visiblement à l'exercice qu'il est en train de faire. Il paraît concentré.

**c.** Au premier plan, on peut voir : un pupitre en bois sur lequel se trouvent une ardoise, une éponge et l'écolier qui tient une craie dans sa main.

**d.** Non, cette scène ne se situe pas à notre époque mais à une époque antérieure. En effet, le matériel utilisé dans une salle de classe n'est plus le même : désormais, les élèves ne travaillent qu'exceptionnellement sur ardoise, ils écrivent avec des stylos, sur des cahiers et le mobilier a lui aussi évolué.

**e.** Court texte à rédiger au présent, à la première personne, en rapport avec le contexte (école, exercice difficile ou envie d'être ailleurs...).

## ▸ Chapitre 17 • page 45

**1** **a.** v. • **b.** n. • **c.** adv. • **d.** n. • **e.** v.

**2** **a.** Le mot est un adjectif. • **b.** Il a 2 sens possibles. • **c.** *Facile* et *paresseux* sont deux antonymes de ce mot.

**3** **a.** un seul sens • **b.** plusieurs sens • **c.** plusieurs sens • **d.** plusieurs sens • **e.** plusieurs sens

**4** **a.** P, P • **b.** F • **c.** F • **d.** P • **e.** F, F, F

**5** **a.** Ce garçon ne comprend rien : c'est vraiment un âne ! • **b.** Sa grand-mère l'appelle « mon trésor ». • **c.** Il est vraiment chou dans ce costume. • **d.** Il court plus vite que tout le monde : c'est une flèche.

**6** **a.** Ces expressions sont toutes employées au sens figuré. • **b.** un très mauvais caractère, buté ; ne se supportent pas, se disputent sans arrêt ; se laissent faire sans rien dire, n'osent pas riposter ; crier sur les autres, parler méchamment, avec autorité ; avoir tous les honneurs, s'attirer tout le mérite ; conserver son calme, ne pas s'énerver ; exagèrent, vont trop loin et ne respectent pas les limites.

## ▸ Chapitre 18 • page 47

**1** **a.** défaite • **b.** délabré • **c.** solide • **d.** détestable • **e.** acide • **f.** soigner • **g.** caresser • **h.** grimacer

**2** **a.** curieux • **b.** poli • **c.** bosse • **d.** récurer • **e.** reposer

**3** poules : boules • tartes : cartes • coussins : cousins • danger : manger • chapeau : château • boutons : moutons

**4** **a.** livres • **b.** murmurer • **c.** précipités • **d.** fragile • **e.** incertaine

**5** **a.** peint • **b.** préparé, cuisiné • **c.** nagé, couru • **d.** voté

**6** Le prince de Motordu est le personnage principal d'un récit de la littérature jeunesse. Ce héros commet beaucoup d'erreurs de langage... Ce sont surtout des fautes de vocabulaire : Motordu prend un mot pour un autre ! L'auteur, Pef, a inventé un personnage qui déforme les mots comme le font les enfants. Et les jeunes lecteurs sont ravis que ce soit un être de fiction qui se trompe.

## ▸ Chapitre 19 • page 49

**1**

| | | | | | | | | | |
|---|---|---|---|---|---|---|---|---|---|
| I | M | P | O | S | S | I | B | L | E |
| R | U | O | N | O | D | R | U | A | M |
| R | E | L | I | R | E | A | V | G | P |
| É | T | I | R | E | R | S | E | B | O |
| E | U | S | E | V | P | C | T | M | R |
| L | O | S | F | E | T | I | T | A | T |
| E | P | A | C | U | D | B | E | U | E |
| V | I | G | B | R | E | L | I | E | R |
| N | R | E | T | I | R | E | R | T | E |

**2** atterré • surpris • recommencer • allonger • inutile • apprivoisé • exporter • impossible • illégitime • extraordinaire • démonter • allégé

**3** **a.** -dic- : dictaphone, édicter • **b.** -port- : rapporter, portatif • **c.** -ord- : ordonner, désordre

**4** **a.** L'arrivée du bateau au port • **b.** L'achat d'un nouveau portable par Adem • **c.** La fermeture du parc à 19 heures • **d.** La lecture du texte devant la classe

**5** **a.** chanceux, peureux (adjectifs) • **b.** audible, perceptible (adjectifs) • **c.** malheur, bonheur (noms communs) • **d.** récemment, prudemment (adverbes de manière).

On remarque que les mots construits avec un même suffixe ont la même nature grammaticale.

**6** *tragicam* → tragique ; *viderat* → avait vu ; *quanta* → quelle ; *cerebrum* → cerveau ; *dictum* → dit ; *honorem et gloriam* → l'honneur et la gloire ; *Fortuna* → la Fortune ; *sensum communem* → sens commun

**7** **a.** et **b.** Romains, mythologie, bibliographie, polythéistes, omnipotent, polymorphe • **c.** Polythéiste : qui croit en plusieurs dieux ; omnipotent : qui peut tout faire, qui est tout-puissant ; polymorphe : qui peut prendre plusieurs formes

## ▸ Chapitre 20 • page 51

**1**

| | C | F | S |
|---|---|---|---|
| un pote | ☐ | ☑ | ☐ |
| un camarade | ☐ | ☐ | ☑ |
| de l'eau | ☑ | ☐ | ☐ |
| de la flotte | ☐ | ☑ | ☐ |
| insalubre | ☐ | ☐ | ☑ |
| crade | ☐ | ☑ | ☐ |

**2** **a.** extatique • **b.** piquer • **c.** gratter

**3** La jeune élève. – Soyez chou, emmenez Lolotte en teuf-teuf.

Le Professeur, *quêtant une réponse dans l'assistance.* – Traduction ?

Un élève. – Soyez assez aimable pour inviter Charlotte à faire une promenade en automobile.

[...]

Le Professeur. – Dondon ?

Un élève. – Dame ayant de l'embonpoint. La grosse dondon est la femme du gros patapouf.

Le Professeur. – Cz... cz... cz... cz...

Un élève. – Phonèmes stridents par lequel on excite au combat, contre un adversaire, quelqu'un pour qui l'on prend parti. Exemple « Cz... cz !... » faisaient les Romains pendant le combat des Horace et des Curiace.

Jean Tardieu, *Ce que parler veut dire*, 2013 © Éditions Gallimard.

**4** **a.** Je t'appelle cet après-midi, d'accord ? • **b.** À quelle heure commence la fête de ce soir ? • **c.** Je ne les ai pas vus partir : où sont-ils ?

**5** **a.** Pouvez-vous ouvrir la fenêtre s'il vous plaît ? • **b.** Je suis obligé de partir tôt. • **c.** Au revoir et à bientôt.

**6** **a.** Chaque fin de semaine, nous nous rendons chez nos grands-parents. Là-bas, on profite un max... À l'heure du déjeuner, y nous appellent et nous, on arrive en courant : généralement on est super excités et on arrête pas de gigoter. Alors y'a nos parents qui finissent par nous gronder. Mais c'est pas bien grave à cause que quand on est là, papi et mamie y rigolent vachement !

**b.** Chaque fin de semaine, nous nous rendons chez nos grands-parents. Là-bas, nous profitons au maximum du grand air... À l'heure du déjeuner, ils nous appellent et nous arrivons en courant : généralement, nous sommes très excités et nous n'arrêtons pas de bouger. Alors, nos parents finissent par nous gronder. Mais ce n'est pas bien grave, parce que lorsque nous sommes là, papi et mamie s'amusent beaucoup !

## ▸ Chapitre 21 • page 53

**1** Vrai : **a.**, **b.** • Faux : **c.**

**2** Les extraits **a.** et **c.** sont des débuts de récit, car on y présente les personnages et le cadre de l'action.

**3** **a.** depuis des centaines d'années ; dans son château délabré • **b.** Autrefois ; la forêt de Brocéliande • **c.** À des kilomètres de là ; souvent ; autour de sa propriété • **d.** Un beau matin ; la maison

**4** **a.** « Il était une fois » indique le moment de l'action. Cette indication n'est pas précise et évoque une époque indéterminée.

**b.** Les personnages présentés sont : un gentilhomme et sa seconde épouse, les filles de celles-ci, une jeune fille, fille du mari.

**c.** L'héroïne de l'histoire est la dernière jeune fille évoquée : c'est elle que l'on présente avec le plus de détails, elle est décrite avec des termes mélioratifs qui la mettent en valeur et la rendent immédiatement sympathique au lecteur.

**d.** On ne sait pas du tout où se déroule l'action.

**5** *Jadis, dans un petit pays oublié depuis longtemps, vivait* un lutin maléfique qui passait son temps à expérimenter des sortilèges de toutes sortes. Il habitait au fond d'une sombre forêt [description du lieu à développer]. Il testait la plupart de ses mauvais sorts sur [description de ses actions à développer]. Un beau jour, lassée de voir ses concitoyens terrorisés, la fille du maire du village décida de rendre visite au lutin pour essayer de lui faire entendre raison...

## ▸ Chapitre 22 • page 55

**1** Vrai : **a.**, **c.** • Faux : **b.**

**2** **a.** puis : (SU) • **b.** pendant ce temps : (SI) • **c.** aussitôt : (SU)

**3** **a.** [4] Le soir • **b.** [2] un jour • **c.** [5] Après avoir lutté toute la nuit • **d.** [1] Durant de longues semaines • **e.** [3] Pendant des heures

**4** était ; possédait ; tournaient ; arrivèrent ; installèrent ; fermèrent ; continuait ; vécut ; parla ; intrigua ; se demandaient ; pouvait ; découvrit ; remplaçaient

**5** Ravi de pouvoir enfin naviguer seul dans son véhicule flambant neuf, Astrus se dirigea vers ce qui semblait être un engin mal en point. En s'approchant, il remarqua qu'une épaisse fumée émanait du véhicule stationné entre deux étoiles. Soudain un projectile vint faire une profonde entaille dans la carrosserie de sa navette spatiale. Furieux, Astrus regarda en direction de l'endroit d'où provenait le projectile et il aperçut trois Elfes qui le prenaient pour cible. Il les fixa avec attention et eut la surprise de constater que les trois ennemis se figeaient aussitôt. Les projectiles qu'ils venaient de lancer à nouveau dans sa direction restèrent en suspens. Astrus, fasciné par la découverte de ce pouvoir, poursuivit sa route jusqu'au centre de la galaxie des Elfes. [*Construire ensuite deux autres péripéties en utilisant le pouvoir pour surmonter d'autres épreuves.*]

## ▸ Chapitre 23 • page 57

**1** **a.** vivait ; sortait • **b.** leva ; faufila • **c.** aperçut ; prit

**2** faisaient ; habitait ; resta ; était ; se leva

**3** **a.** rêvait ; pouvait • **b.** commença ; ferma ; s'endormit • **c.** regardaient ; se rappelèrent ; avaient • **d.** entendit ; éteignit

**4** arrivèrent ; était ; perdirent ; arriva ; descendaient ; heurtèrent ; vint ; demanda ; voulaient ; étaient ; s'étaient perdus ; demandaient

**5** Cendrillon était une jeune fille douce et très belle. Elle vivait avec son père, mais aussi sa méchante belle-mère et les deux filles de celle-ci, qui étaient parfaitement odieuses. Cendrillon devait s'occuper de toutes les tâches ménagères et elle était au service de sa marâtre qui ne cessait de lui donner des ordres.

Un jour, grâce à l'aide de sa marraine la fée, elle parvint à se rendre au bal donné par le fils du roi. Celui-ci tomba aussitôt amoureux de la charmante jeune fille. À minuit, Cendrillon s'enfuit par peur de voir son carrosse transformé en citrouille. Dès le lendemain du bal, le prince retrouva Cendrillon grâce à une pantoufle de vair. Ils se marièrent et vécurent heureux.

## ▸ Chapitre 24 • page 59

**1** **a.** Paris • **b.** le chien • **c.** le renard • **d.** Zeus

**2** **a.** Mr. Wonka veut prendre sa retraite. Il a lancé un grand concours pour trouver son successeur. • **b.** Les grands-parents de Charlie sont très vieux de sorte qu'ils ne sortent plus de leur lit.

**3**

| Caractéristiques physiques | Caractéristiques morales |
|---|---|
| – petit homme<br>– coiffé d'un chapeau haut de forme noir<br>– un habit à queue d'un beau velours couleur de prune<br>– Son pantalon était vert bouteille<br>– Ses gants étaient gris perle<br>– une jolie canne à pommeau d'or<br>– Une petite barbiche taillée en pointe<br>– ses yeux étaient merveilleusement brillants | – extraordinaire<br>– des regards complices pleins d'étincelles<br>– illuminé de gaieté, de bonne humeur |

**4** **a.** ce célèbre héros de conte • **b.** le facétieux propriétaire de la chocolaterie • **c.** un auteur de comédies satiriques • **d.** le héros homérique aux mille ruses

**5** **a.** Il s'agit d'un tableau peint par Pablo Picasso. • **b.** Le tableau représente une femme souriante assise sur une chaise, la main posée sur la joue. • **c.** Les couleurs dominantes sont le jaune, le rouge, le bleu et le noir. • **d.** Le visage semble être représenté selon plusieurs perspectives ; il est asymétrique et ne correspond pas à ce que peut être le réel visage d'une personne. • **e.** Non, le peintre n'a pas cherché à représenter la réalité, mais une succession de différents plans, un visage en action. • **f.** Mystérieuse, étrange : la disposition du visage de la femme et la reproduction double de son œil droit lui donnent un air à la fois mystérieux et étrange. Élégante : la femme représentée est élégamment vêtue de tissus qui paraissent précieux. En outre, elle a les ongles vernis et paraît également maquillée. Coquette : le modèle représenté prend la pose avec la joue appuyé sur sa main droite. Elle semble habituée à prendre de telles postures. Il s'agit certainement de l'une des muses de l'artiste.

## ▸ Chapitre 25 • page 61

**1** Vrai : **c.** • Faux : **a.**, **b.**

**2** supposition (masculine) ; escarcelle (féminine) ; violon (masculine) ; hirondelle (féminine) ; bête (féminine) ; pleureur (masculine) ; tête (féminine) ; fleurs (masculine)

**3** Ca|pi|tai|ne| Re|nard| al|lait| de| com|pa|gnie [12]

A|vec| son| a|mi| Bouc| des| plus| haut| en|cor|nés : [12]

Ce|lui|-ci| ne| vo|yait| pas| plus| loin| que| son| nez ; [12]

L'au|tre é|tait| pas|sé| maî|tre en| fait| de| trom|pe|rie. [12]

La| soif| les| o|bli|gea| de| des|cen|dre en| un| puits : [12]

Là| cha|cun| d'eux| se| dé|sal|tère. [...] [8]

Jean de La Fontaine, « Le Renard et le Bouc »,
*Fables*, 1668.

**4** **a.** La première lettre du poème est « M » : « Mon cœur pareil à une flamme renversée ». • **b.** Ce poème donne aussi à voir car le texte représente un dessin : il s'agit d'un cœur qui se rapporte au thème du poème. • **c.** Le sujet du poème est le cœur du poète amoureux qui le compare à une flamme renversée. Le poète venait sans doute de vivre une douloureuse histoire sentimentale et exprime ainsi sa souffrance à travers ce texte et sa forme.

**5** **a.** Le poème se compose de 3 strophes qui sont des distiques (2 vers). • **b.** 8 et 13 syllabes ; 8 et 13 syllabes ; 12 et 12 syllabes. Ce ne sont pas des vers réguliers. • **c.** Ce poème évoque des animaux. Il est représentatif du rôle du poète en tant que créateur, car, dans ce texte, l'auteur imagine ce que les animaux feraient s'ils pouvaient agir comme les humains, il les met en scène dans des situations nouvelles et imaginaires. • **d.** Si les hiboux savaient tricoter / Ils passeraient leurs nuits à se faire des bonnets. // Si les tortues pouvaient voler / Elles partiraient en voyage toute l'année.

## ▸ Test-Bilan • page 62

**1.** épithètes • **2.** les lui • **3.** COI • **4.** CC de manière • **5.** mortel • **6.** toi • **7.** informée • **8.** reçues • **9.** Es / la / à • **10.** promets, Faites • **11.** quitta • **12.** nous avions fait • **13.** antonymes • **14.** stupide • **15.** porter ; export • **16.** à une péripétie • **17.** répliquer ; marmonner.

# MATHS

## ▸ Chapitre 1 • page 65

**1** **a.** F • **b.** F • **c.** V.

**2** **a.** 10 002 • **b.** 100 023,012 • **c.** 3 002 100 • **d.** 30 403,08 • **e.** 62,04.

**3** $7{,}02 \rightarrow 7{,}020 \rightarrow 7 + \frac{20}{1\,000} \rightarrow$ 7 020 millièmes

**4** **a.** 8,064 • **b.** 0,76000 • **c.** 0,0650.

**5** **a.** 5,02 • **b.** 860,04 • **c.** 9.

**6** **a.** [8] [0] [5] [÷] [1] [0] [0] [=]

**b.** [6] [3] [÷] [1] [0] [0] [0] [=]

**7** **a.** 4,9 kg • **b.** 0,12 L • **c.** 750 L.

**8** 520,080 ou 520,08.

**9** **a.** 6 900 g • **b.** 100 billets • **c.** 10 liasses.

## ▸ Chapitre 2 • page 67

**1** **a.** F • **b.** F.

**2** **a.** < • **b.** > • **c.** > • **d.** <

**3** **a.** 158 • **b.** 0,1 • **c.** 58,2 • **d.** 8,2.

**4** 79.

**5** **a.** 318 millièmes • **b.** $\frac{580}{100}$.

**6** Le chiffre est 9.

**7** **a.** 8,643 • **b.** 864,3.

**8** 316 $m^2$.

**9** 13,93.

**10** Benoît.

## ▸ Chapitre 3 • page 69

**1** **a.** F • **b.** V.

**2** **a.** 5 375,236 • **b.** 682,055 • **c.** 308,65 • **d.** 1 985,23.

**3** Il y a deux solutions : 14,92 ou 145,08.

**4** Léa doit retrancher 664,38.

**5** 16,170 kg – 15,680 kg = 0,490 kg.

**6** 3,62 + 88 + 72,18 = 163,8.

**7** AB = (1,32 m + 0,78 m) – 0,10 m = 2 m.

**8** (272 € – 160,50 €) – 20,65 € = 90,85 €.

**9** **a.** 140 km • **b.** 178 km.

**10** **a.** 1996 • **b.** 43 ans • **c.** 1967.

**11** **a.** 81,05 €. • **b.** 18,95 €

## ▸ Chapitre 4 • page 71

**1** **a.** F • **b.** V.

**2** **a.** 410,26 • **b.** 2,737 • **c.** 333 938.

**3** **a.** 148,720 • **b.** 1 487,20

**4** **a.** (15 + 10) × 2 • **b.** 10 + 12 – (7 + 1).

**5**

|   |   |   |   |   |   |
|---|---|---|---|---|---|
|   |   | 3 | , 0 |   | 9 |
| × |   |   | 4 | , 1 |   |
|   |   | 3 | 0 |   | 9 |
| 1 | 2 | 3 | 6 |   |   |
| 1 | 2 | , 6 | 6 |   | 9 |

**6** 0,800 × 21,85 = 17,48 €.

**7** Mathieu et Jeanne ont ensemble :
(19,70 × 4,5) + 19,70 ou 19,70 × 5,5 = 108,35 €.
Oui, car 108,35 € > 100 €.

**8** Multiplier un nombre par 8, c'est multiplier ce nombre par 7 et ajouter 1 fois ce nombre, car 8 = 7 + 1. Donc le nombre est 13,4.

**9** Il y a 11 intervalles. 11 × 1,5 = 16,5 m.

**10** Poids du colis : 3,120 kg. Dépense : 83,55 €.

**11** 2 700 ÷ 100 = 27 et 27 × 230 = 6 210 g.

## ▸ Chapitre 5 • page 73

**1** **a.** V • **b.** F • **c.** V.

**2** (29 × 405) + 14 = 11 759.

**3** **a.** Quotient 206; reste 3 • **b.** Quotient 52,7; reste 4,1.

**4** Laura.

**5** **a.** ≈1,3 • **b.** = 0,4 • **c.** ≈ 5,7 • **d.** = 24,25.

**6** **a.** 20 cartons • **b.** 10 bouteilles.

**7** Il y a deux solutions : 23 ou 40 572.

**8** 72 kg { Poids de Pierre ; Poids de Louise

Louise pèse 72 ÷ 3 = 24 kg.
Pierre pèse 48 kg (24 × 2).

**9** Le nombre d'abricots est un multiple de 6 et de 5, donc un multiple de 30 compris entre 50 et 80 : il y a 60 abricots.

**10** **a.** 14 billets • **b.** 55 €.

## ▸ Chapitre 6 • page 75

**1** **a.** F • **b.** F.

**2** 0,7 et $\frac{7}{10}$ ; huit quarts et 2; quatre tiers et impossible;
2,4 et $\frac{12}{5}$ ; 2,5 et $\frac{5}{2}$.

**3** **a.** $\frac{3}{4}$ • **b.** $\frac{3}{8}$ • **c.** $\frac{1}{8}$.

**4** **a.** 7 • **b.** $\frac{8}{3}$ • **c.** 0,36 • **d.** $\frac{11}{7}$ • **e.** 0,01.

**5** **a.** 15 • **b.** 6 • **c.** 8 • **d.** 100.

**6** A → $\frac{3}{4}$ • B → $\frac{5}{4}$ • C → $\frac{11}{4}$ • D → $\frac{14}{4}$.

**7** 7 m et 5 m.

**8** **a.** $\frac{2}{8}$ (ou $\frac{1}{4}$) • **b.** $\frac{2}{8}$ kg = 0,250 kg ou 250 g.

**9** 175 cL.

## ▸ Chapitre 7 • page 77

**1** **a.** V • **b.** V • **c.** F • **d.** F.

**2** 24 par 2, par 3 et par 4 ; 1 340 par 2, par 4 et par 5; 645 par 3 et par 5 ; 8 370 par 2, par 3, par 5 et par 9.

**3** a. $\frac{1}{3}$ • b. $\frac{1}{2}$ • c. $\frac{2}{3}$.

**4** $\frac{50}{200} = \frac{1}{4}$.

**5** a. • c. $\frac{3}{12} = \frac{1}{4}$ • d. $\frac{2}{8} = \frac{1}{4}$.

**6** $\frac{12-9}{12} = \frac{3}{12} = \frac{1}{4}$

Bilal a raison (la fraction $\frac{9}{12}$ représente la part des macarons à la vanille).

**7** $\frac{9}{4} \neq \frac{3}{2}$

**8** $\frac{6}{24} = \frac{1}{4}$

**9** a. $\frac{14}{10} = \frac{7}{5}$ • b. $\frac{8}{100} = \frac{2}{25}$.

## ▸ Chapitre 8 • page 79

**1** a. F • b. V • c. F • d. V.

**2** a. oui, × 4 • b. oui, × 3 • c. non, car $2 \times 0{,}5 \neq 0$ • d. non, car $0{,}8 \times 10 \neq 80$.

**3** a. 1re ligne : 30 et 50 ; 2e ligne : 1 et 1,5. • b. × 5 ; × 0,2.

**4** a. trois • b. 9 ; 15 ; 22,5 ; 12,6 • c. oui, le coefficient de proportionnalité est 3.

**5** a. Non, car $1 \times 6{,}5 = 6{,}5$ ; $2 \times 6{,}5 = 13$, mais $3 \times 6{,}5 \neq 17$ • b. Non.

**6** a. Le nombre de tasses à café et la quantité de café ; oui. Il faut $\frac{100}{8} \times 3 = 37{,}5$ g de café.

b. Le nombre de personnes et la durée ; non. L'un des frères met lui aussi 20 minutes.

c. La distance et la consommation d'essence ; oui. Elle consomme $\frac{6{,}5}{100} \times 300 = 19{,}5$ L.

**7** a. Pour 13 personnes, car $\frac{3}{2} \times 9 = 13{,}5$ ;

b. Environ 3 pommes et demie, car $\frac{2}{3} \times 5 \approx 3{,}3$.

## ▸ Chapitre 9 • page 81

**1** a. V • b. F • c. V • d. F • e. F.

**2** 29 élèves.

**3** 10 garçons.

**4** 90 €

**5** a. 1,5 cm • b. P(ABCD) = 6 cm

c. côté : 2,7 cm, P du carré agrandi = 10,8 cm

d. Oui, car $6 \times \frac{80}{100} = 4{,}8$ et $4{,}8 + 6 = 10{,}8$ cm.

**6** 1er cas : 837,90 € ; 2e cas : 944 € ; économie : 106,10 €.

**7** Non, car $100\ € \times \frac{200}{100} = 200$ € d'augmentation et $200 + 100 = 300$ € (son prix triple).

**8** $135 \times \frac{10}{100} = 13{,}5$ et $135 - 13{,}5 = 121{,}5$ ;

$121{,}5 \times \frac{10}{100} = 12{,}15$ et $121{,}5 + 12{,}15 = 133{,}65$.

C'est vrai. Il pèse maintenant 133,65 kg.

**9** 8 ⩽ note ⩽ 12 → 15 élèves ;
note > 12 → 30% et 9 élèves.

**10** Non, car $90 \times \frac{10}{100} = 9$ et $90 + 9 = 99 \neq 100$.

## ▸ Chapitre 10 • page 83

**1** a. F • b. F • c. V.

**2**

| Durée | 0 | 3 | 6 | 12 | 24 |
|---|---|---|---|---|---|
| Prix | 0 | 15 | 30 | 50 | 85 |

**3** a. Oui, car tous les points sont alignés ; b. 7,5 € ;
c. $0{,}25 \times 22 = 5{,}5$ € ;
d. $4 \div 0{,}25 = 16$ œufs.

**4** a. 600 m • b. 8 h 25 •
c. 5 min (de 8 h 05 à 8 h 10) • d. 100 m.

**5** a. 700 g • b. 3 mois • c. 100 g.

## ▸ Chapitre 11 • page 85

**1** a. F • b. V.

**2** a. A → 1,8 ; B → 5,5 ; C → 3,2.
b. D → 1,35 ; E → 1,53 ; F → 1,28.

**3** a. F • b. M • c. D • d. E • e. J • f. I

**4**

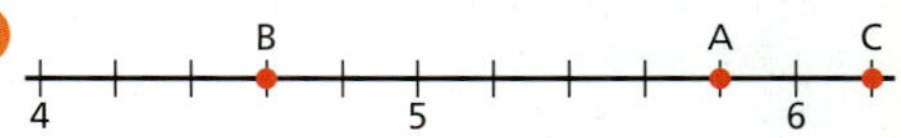


**5**

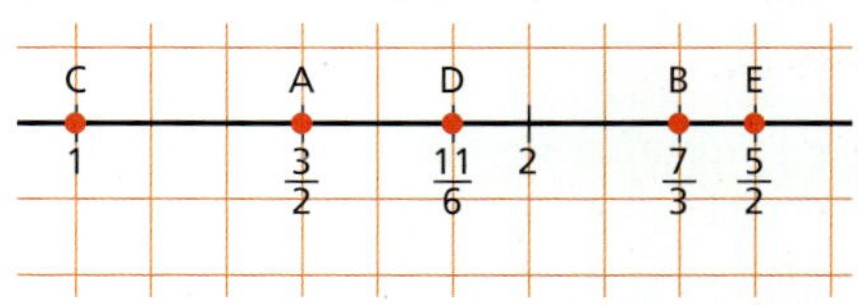


**6** a. Ali ; Mathieu (le double de Lou) ; Jeanne (le tiers de Mathieu) et Lou (le tiers d'Ali).

b.

÷ 9

| OA | 9 | 1 |
|---|---|---|
| Taille | 202,5 | ...... |

$202{,}5 \div 9 = 22{,}5$.
Un segment de 1 cm correspond à une taille de 22,5 cm.

Ali → $9 \times 22{,}5 = 202{,}5$ cm ;
Fatou → $8 \times 22{,}5 = 180$ cm ;
Mathieu → $6 \times 22{,}5 = 135$ cm ;
Lou → $3 \times 22{,}5 = 67{,}5$ cm ;
Jeanne → $2 \times 22{,}5 = 45$ cm.

**7** X → 50 ; Y → 120 ; Z → 60.

## ▸ Chapitre 12 • page 87

**1** a. F • b. F • c. V.

**2** a. 14 élèves • b. et c. 7 élèves.

**3** Hauteur des bâtons : primaire → 6,7 cm ; collège → 3,4 cm ; lycée → 2,3 cm.

**4** C'est le diagramme b.

**5** a. Le pain • b. Le beurre ;
c. Oui, car $2 \times 125$ g $= 250$ g ;
d. 225 g de pommes de terre et 25 g de beurre.

**6** a. $4 + 7 + 2 + 4 + 5 + 4 = 26$ • b. tennis • c. 2.

## ▸ Chapitre 13 • page 89

**1** **a.** V • **b.** F • **c.** F.

**2** **a.** 1 h 12 min • **b.** 1 min 40 s • **c.** 2 j 10h • **d.** 1,2 s.

**3** **a.** 10 h 47 min • **b.** 9 h18 min • **c.** 9 h 17 min • **d.** 14min 20 s • **e.** 2 h 03 min 49 s.

**4** **a.** Les trains n°6103 et n° 6105 • **b.** Les trains n°6120 et n° 6124.

**5** 120 jours.

**6** 12 h 15 min – (25 min + 10 min) = 11 h 40 min

**7** **a.** 19 h 50 min • **b.** 19 h 50 min – 15 h 50 min = 4 h • **c.** 1 h 03 min + 4 h = 5 h 03 min.

**8** **a.** Abel • **b.** Mario.

## ▸ Chapitre 14 • page 91

**1** **a.** V • **b.** V • **c.** F • **d.** F • **e.** V.

**2** **a.** 0,658 • **b.** 950 • **c.** 8,4 • **d.** 6,43 • **e.** 500 • **f.** 2.

**3** **a.** 1 022 km • **b.** 2 500 kg • **c.** 250 hL • **d.** 8 757 t. • **e.** 2 dam.

**4** **a.** kg • **b.** km • **c.** L • **d.** cm • **e.** cL.

**5** 4,2 m; 1,7 m; 1 200 kg ou 1,2 t; 6,5 L; 100 km.

**6** La casquette pèse

(50,100 – 50) ÷ 2 = 0,050 kg ou 50 g.

*Remarque* : Mathieu pèse 50,050 kg.

**7** 400 000 boîtes d'allumettes.

**8**

Zoé pèse 28 kg et sa maman 53,5 kg.

**9** Longueur d'un chemin :

300 m + 200 m + 283 m = 783 m.

$x = 383$ m et $y = 315$ m.

## ▸ Chapitre 15 • page 93

**1** **a.** V • **b.** F • **c.** V • **d.** F.

**2** C'est sa largeur. Sa longueur mesure 350 m.

**3** Périmètre du rectangle :

(12,5 + 7,5) × 2 = 40 cm.

Ou 50 – (2 × 5) = 40 cm.

**4** Oui, cela équivaut au périmètre du carré AREF :

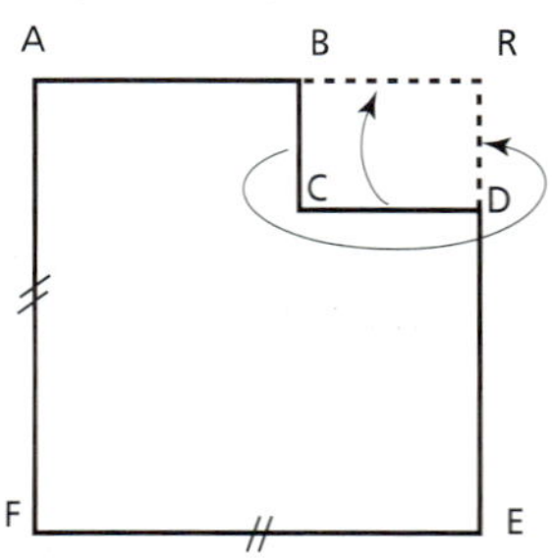


4 × 12 = 48 m

**5** C'est la figure B.

$P_A = 14 + (\pi \times 7) \approx 36$ cm

et $P_B = (2 \times 10) + \dfrac{(\pi \times 10)}{2} \approx 35{,}7$ cm.

**6** P = 23,5 + 37 – (2 × 9) = 42,5 m.

**7** Demi-périmètre = $L + \ell = 93 \div 2 = 46{,}5$ cm.

$L = (46{,}5 + 7{,}5) \div 2 = 27$ cm

et $\ell = 27 - 7{,}5 = 19{,}5$ cm.

**8** $P = 2 \times (160 - 70) + (\pi \times 70) \approx 400$ m.

**9** Diamètre du cercle : $\dfrac{33}{6} = 5{,}5$ cm. Longueur du cercle : $5{,}5 \times \pi \approx 17{,}3$ m.

## ▸ Chapitre 16 • page 95

**1** **a.** F • **b.** V • **c.** F.

**2** **a.** 3 820 $cm^2$ • **b.** 60 200 $m^2$ • **c.** 6,4 $m^2$ • **d.** 8 000 000 $m^2$.

**3** **a.** $km^2$ • **b.** $hm^2$ • **c.** $m^2$ • **d.** $cm^2$.

**4** 80 × 50 = 4 000 $mm^2$ ou 8 × 5 = 40 $cm^2$.

**5** $\dfrac{6 \times 4{,}5}{2} = 13{,}5$ $cm^2$ ou $\dfrac{3{,}6 \times 7{,}5}{2} = 13{,}5$ $cm^2$

**6** C'est la largeur.

L'autre dimension est 1 ÷ 0,8 = 1,25 m.

1,25 m > 0,8 m ; c'est la longueur.

**7** Le terrain carré.

Aire du rectangle : 50 × 20 = 1000 $m^2$.

Aire du carré : 35 × 35 = 1 225 $m^2$.

**8** Aire = 12 × 7 = 84 $cm^2$.

**9** 4 pots.

**10** **a.** et **b.** Oui. (82 – 3) × (50 – 3) = 3 713 $cm^2$.

**11** 4,05 m

## ▸ Chapitre 17 • page 97

**1** **a.** V • **b.** V • **c.** F.

**2** **a.** 0,2 • **b.** 15 200 • **c.** 17 • **d.** 8 000 000.

**3** **a.** 4 500 • **b.** 70 • **c.** 1,5 • **d.** 1 500.

**4** **a.** 30 cubes; 64 $cm^3$ et 64 × 30 = 1 920 $cm^3$ • **b.** $L = 20$ cm, $\ell = 8$ cm, $h = 12$ cm et 20 × 8 × 12 = 1 920 $cm^3$.

**5** Volume : (2,5 × 2,5 × 2,5) × 4 = 62,5 $dm^3$.

**6** Le pavé droit est découpé en 10 cubes (5 × 2 × 1) dont l'arête mesure 1 dm.

La hauteur de la pile est 10 × 1 dm = 10 dm ou 1 m.

**7** **a.** Volume du cube : 5 × 4 × (6,4 – 6) = 8 $cm^3$.

**b.** Arête du cube = 2 cm, car 2 × 2 × 2 = 8.

**c.** Hauteur du pavé droit : 9 cm, car :

deux tiers correspondent à 6 cm,

donc un tiers correspond à 3 cm,

et trois tiers correspondent à 9 cm.

**8** Si on double les dimensions de la boîte, le volume est multiplié par 8 (car 2 × 2 × 2 = 8). On pourra donc ranger 6 × 8 = 48 sardines.

**9** Volume du pavé droit :

1,584 $dm^3$ = 1,584 L et 1,5 L < 1,584 L.

L'eau ne va pas déborder.

## ▸ Chapitre 18 • page 99

**1** **a.** F • **b.** F • **c.** V • **d.** F.

**2** $\widehat{BAC}$.

**3** **a.** 90° ; 125° ; 32° ; 113° • **b.** On a 360°.

**4** **a.** 32° • **b.** 90° – 32° = 58° •
**c.** 90° + 32° = 122°.

**5** $\widehat{xOz} = 32° + 58° = 90°$. Donc $\widehat{xOz}$ doit être un angle droit, ce qui n'est pas le cas sur la figure.

**6** $\widehat{xOt}$ doit mesurer 15°.

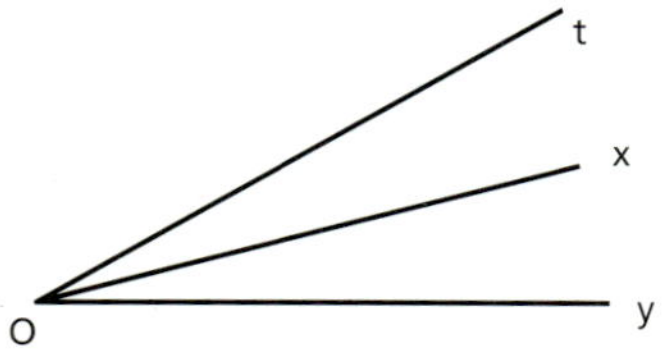


**7** $\widehat{SRT}$ = 112°.

**8**

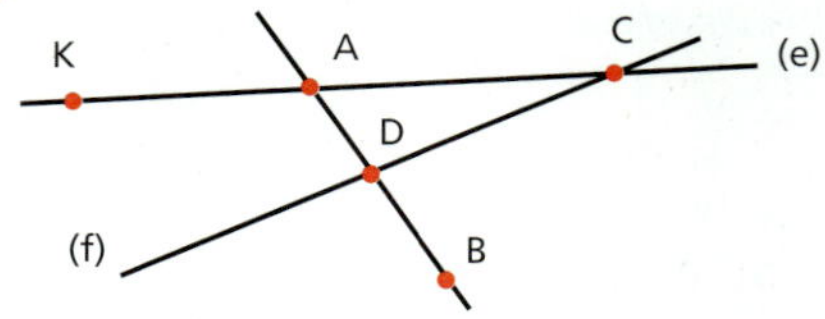


## ▸ Chapitre 19 • page 101

**1** **a.** V • **b.** F • **c.** V.

**2**

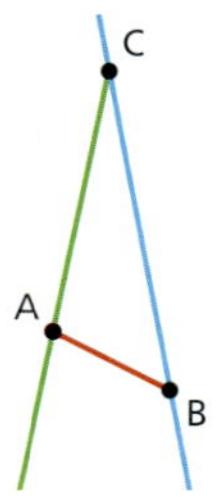


**3**

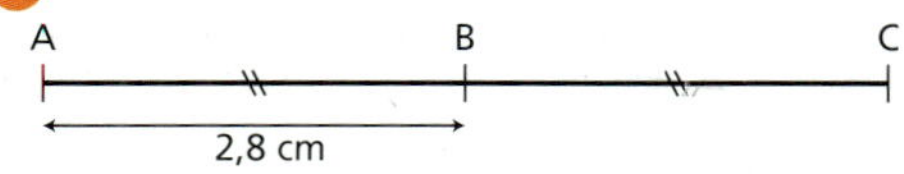


**4** Jeanne et Fatou.

**5** **a.** F • **b.** Oui.

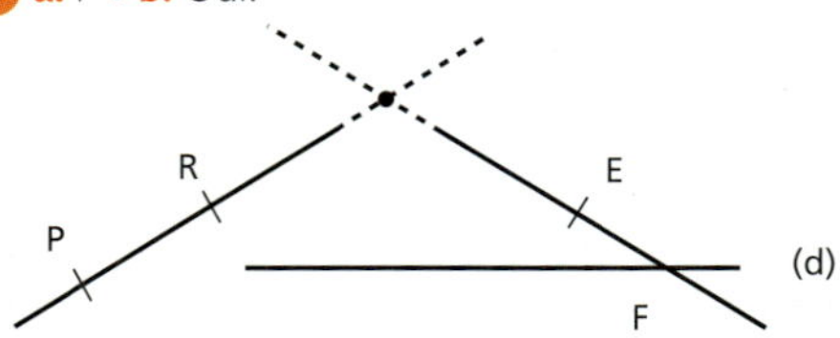


**6**

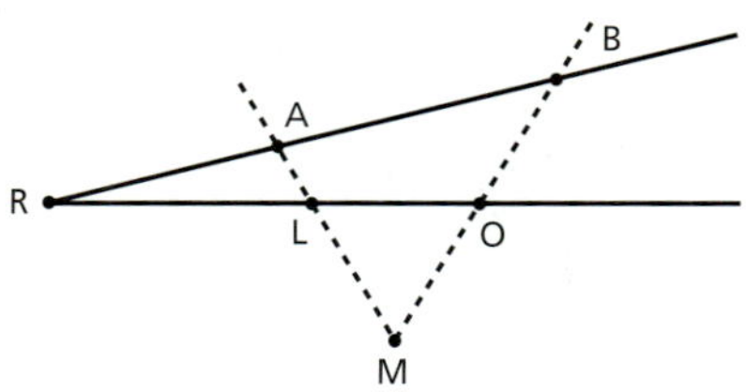


**7** Dans le dessin de l'exercice n° 6, les points R, A, B, L, O et M représentent les 6 ballons. Il y a 4 alignements : R, A et B ; R, L et O ; A, L et M ; et B, O et M.

## ▸ Chapitre 20 • page 103

**1** **a.** V • **b.** F • **c.** V • **d.** V.

**2** **a.** (a) et (b) ou (a) et (c) • **b.** (b) et (c) • **c.** (a) • **d.** (c).

**3** **a.**

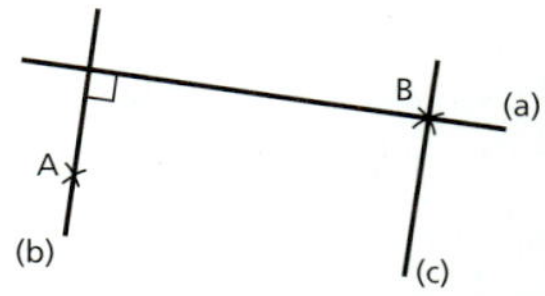


**b.** (a) ⊥ (c) • **c.** Si deux droites sont parallèles, toute droite perpendiculaire à l'une est perpendiculaire à l'autre.

**4**

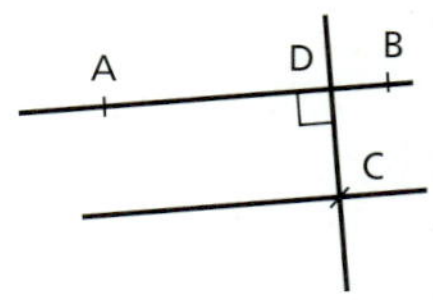


**5** Dessine 3 points quelconques A, B et C. Construis la droite perpendiculaire à (BC) et passant par A. Cette droite coupe (BC) en H. Puis, construis la droite perpendiculaire à (AC) et passant par H. Cette droite coupe (AC) en K. Enfin, trace la parallèle à (BC) passant par K.

**6**

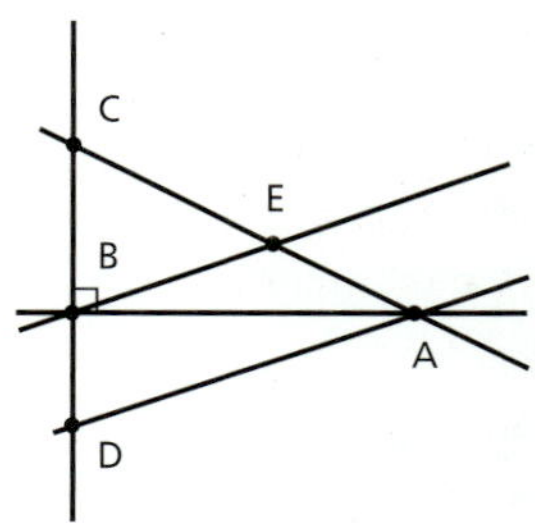


**7** Un rectangle.

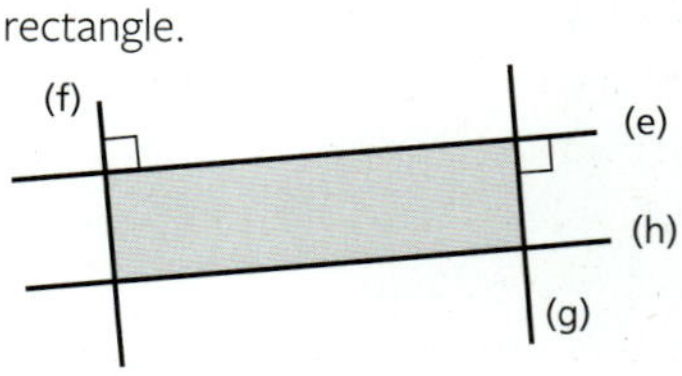


## ▸ Chapitre 21 • page 105

**1** **a.** F • **b.** V • **c.** F.

**2** $\mathscr{C}$ ; diamètre ; A ; centre ; milieu ; rayon; corde.

**3** **a.** et **b.** Il y a deux solutions :
cercle de centre E et cercle de centre F.

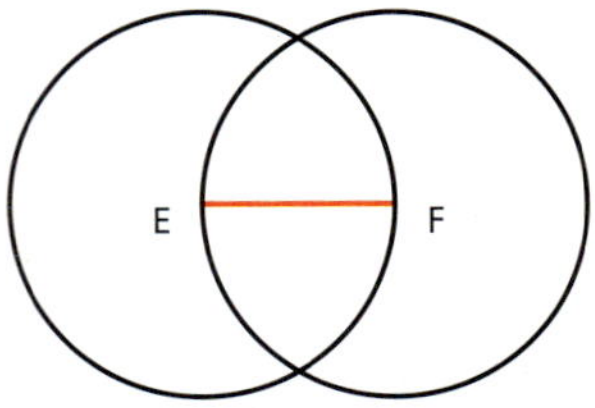


**4** **b.** CA = 4 cm ; DB = 3 cm.

**5** Il y a une infinité de solutions.

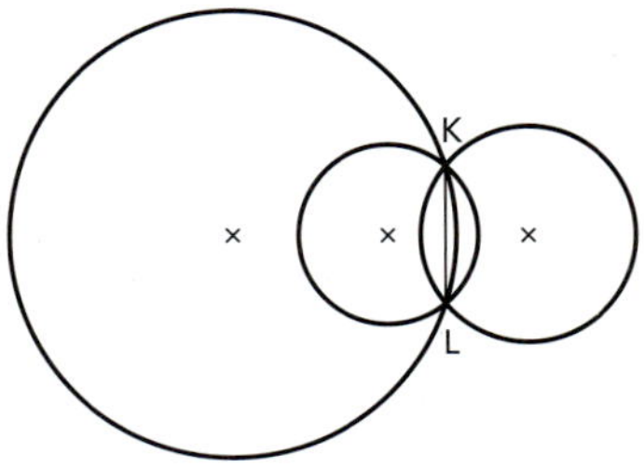


**6** Les 2 cercles ont un point commun.

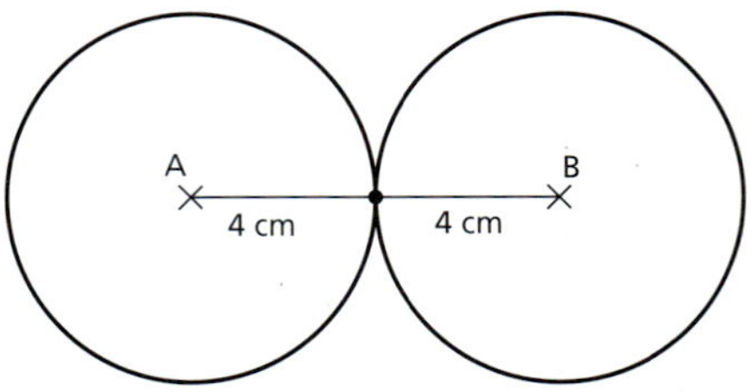


**7** **a.** 4. ; 2. ; 3. ; 1. ou 4 ; 2 ; 1 ; 3.

**b.**

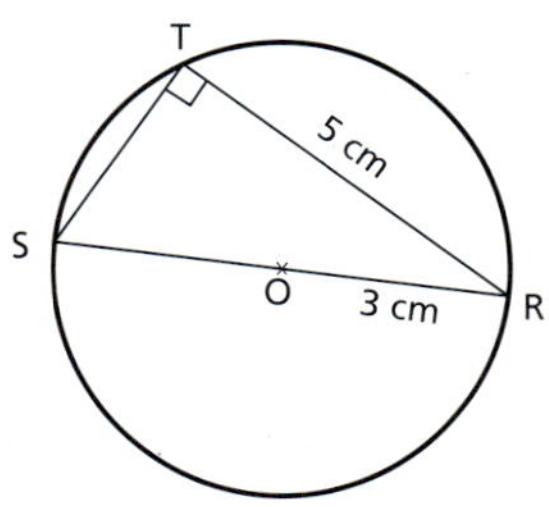


**c.** RTS est un triangle rectangle.

**8**

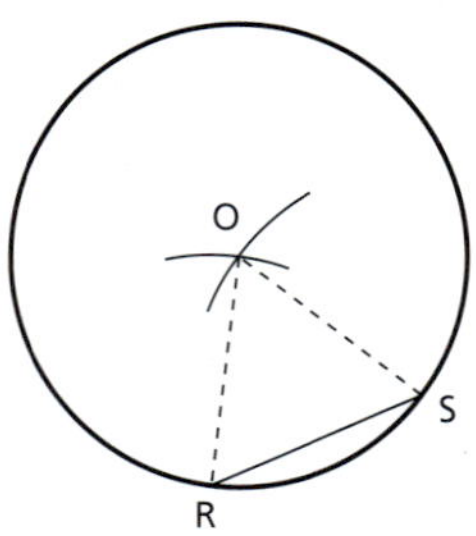


RO = SO = RS

**9** **a.**

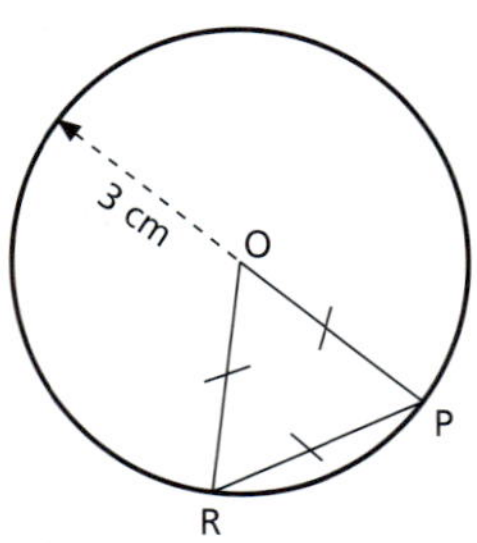


**b.** OPR est un triangle équilatéral.

## ▸ Chapitre 22 • page 107

**1** **a.** V • **b.** V • **c.** F • **d.** V.

**2** Voir « un peu de méthode ».

**3** **a.**

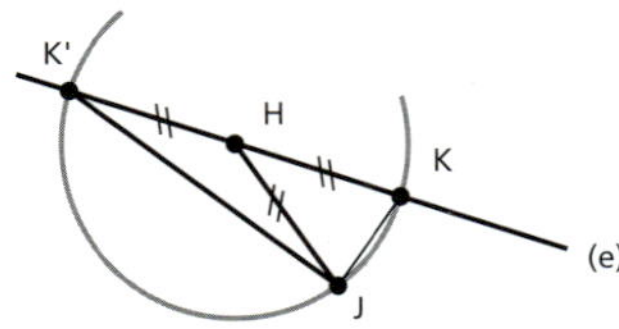


**b.** Il y a deux solutions.

**4** **a.** 4 triangles rectangles (ABC, ABD, GFE, ADG).

**b.** Il y a 2 triangles isocèles (ABC, GDE).

**5**

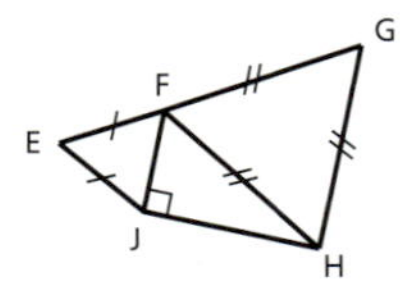


**6** CAB est rectangle en A, car « si deux droites sont parallèles, toute droite perpendiculaire à l'une est perpendiculaire à l'autre ».

**7** **a.** OEF isocèle • **b.** OEO′ équilatéral.

## ▸ Chapitre 23 • page 109

**1** **a.** F • **b.** V • **c.** F • **d.** F.

**2** Léa.

**3** Il y a 9 rectangles.

**4**

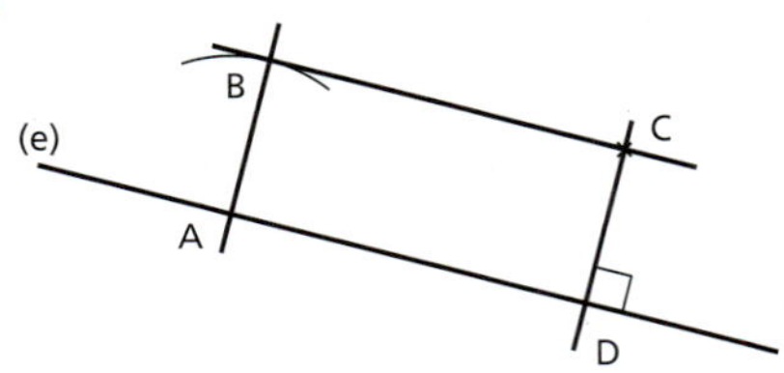


**5**

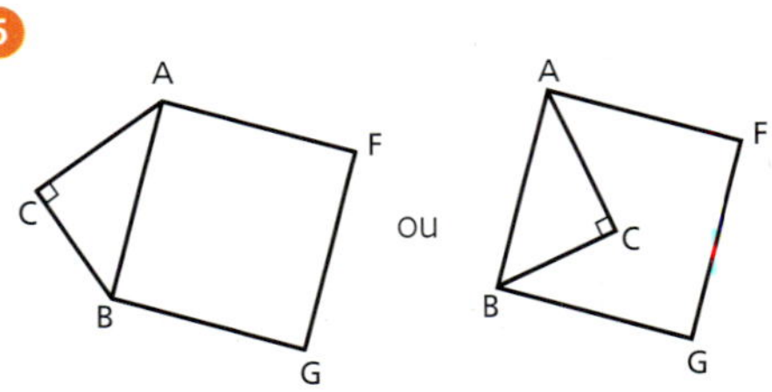


**6**

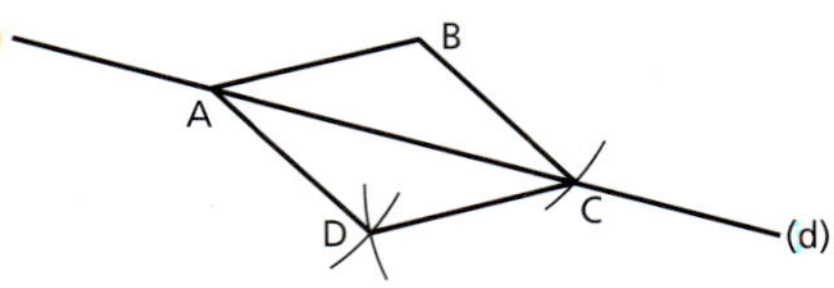


**7** La figure **c.**

**8** ABCD est un carré, donc AB = AD.

ADFE est un losange, donc AD = EA.

Par conséquent, AB = EA. Le triangle EAB est isocèle en A.

**9** **a.** losange • **b.** carré • **c.** rectangle.

## ▸ Chapitre 24 • page 111

**1** **a.** F • **b.** F • **c.** V.

**2**

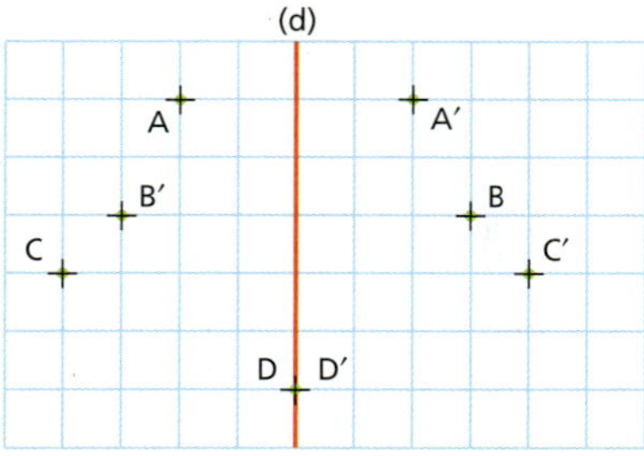


**3**

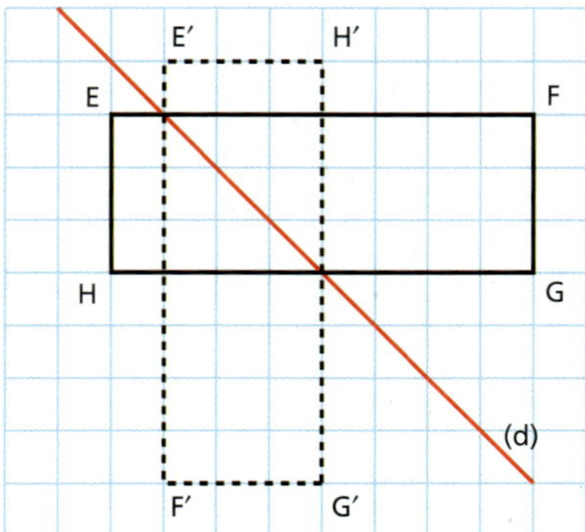


**4** **a. b.**

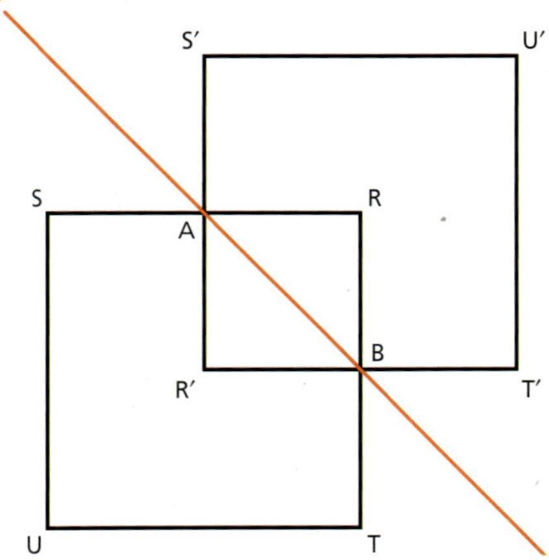


**c.** Le point A ; **d.** Le point B.

**5**

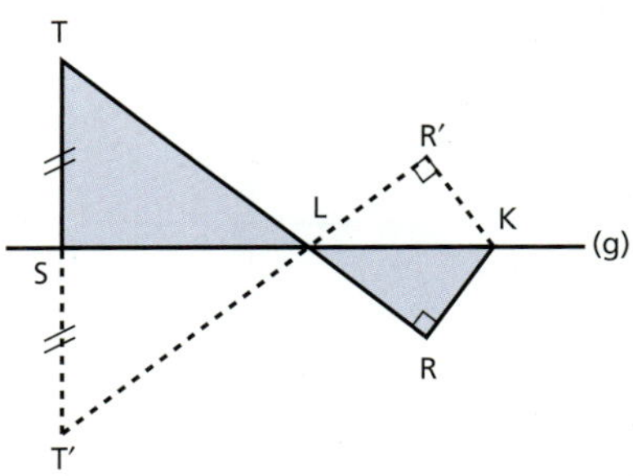


**6** On trace dans l'ordre les droites 1, 2 et 3.

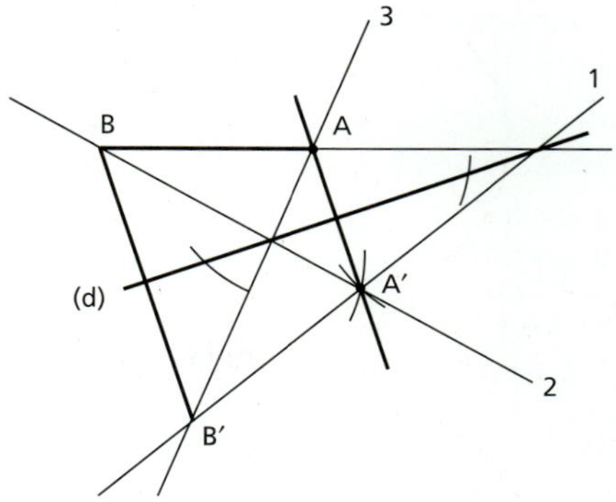


**7** **a.**

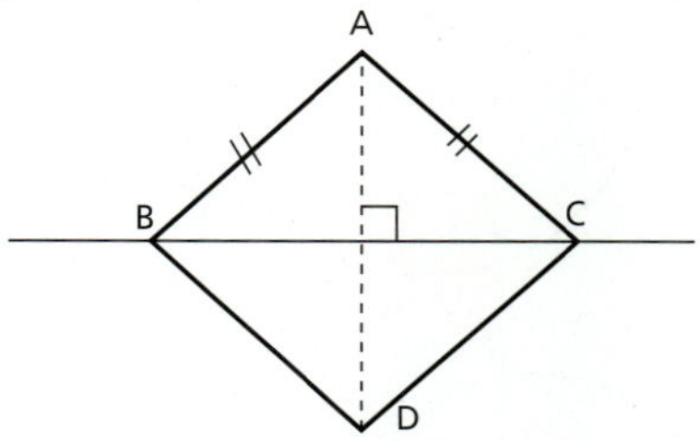


**b.** C'est un losange, car [AB] a pour symétrique [DB], donc AB = DB; [AC] a pour symétrique [DC], donc AC = DC ; et comme AB = AC (triangle isocèle), alors AB = DB = AC = DC.

## ▸ Chapitre 25 • page 113

**1** **a.** V • **b.** F • **c.** V.

**2** [EI], [GH], [JK].

**3** Non. SA ≠ SB, donc le point S n'est pas situé sur la médiatrice de [AB].

**4** **a.**

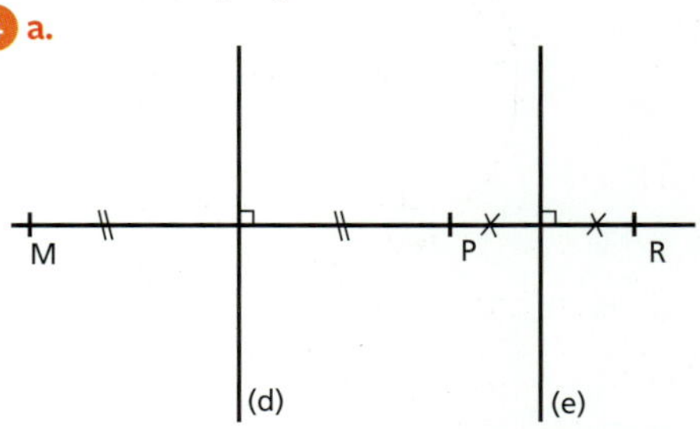


**b.** (d) et (e) sont parallèles car «si 2 droites sont perpendiculaires à une même droite, alors elles sont parallèles».

**5** On trace la perpendiculaire en O à la droite (OA).

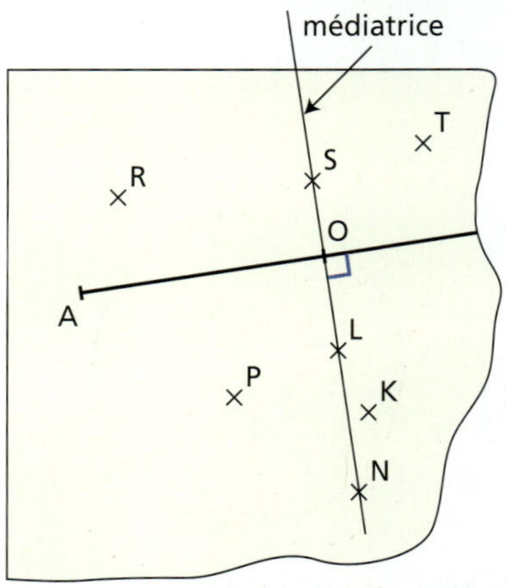


Les points S, O, L et N sont situés sur la médiatrice.

**6** **b.** La médiatrice (d) de [FH] est la droite (EG) qui représente un axe de symétrie du losange.

## ▸ Chapitre 26 • page 115

**1** **a.** F • **b.** F • **c.** F.

**2** 2 axes.

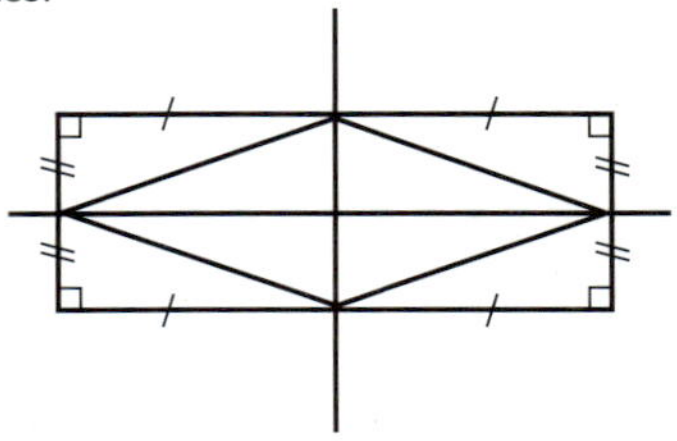

**3** Les deux axes sont les diagonales.

**4**

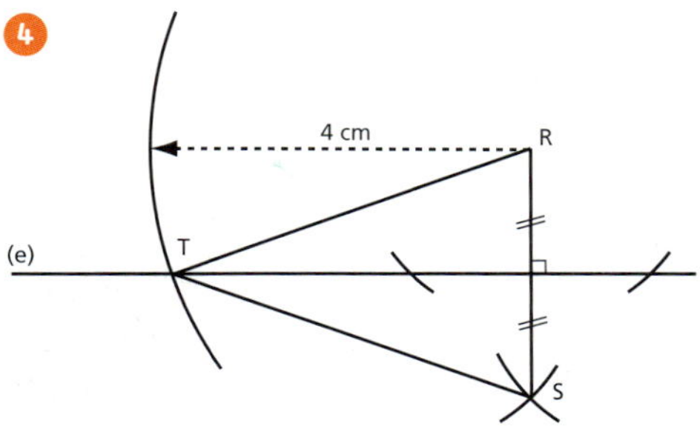


**5**

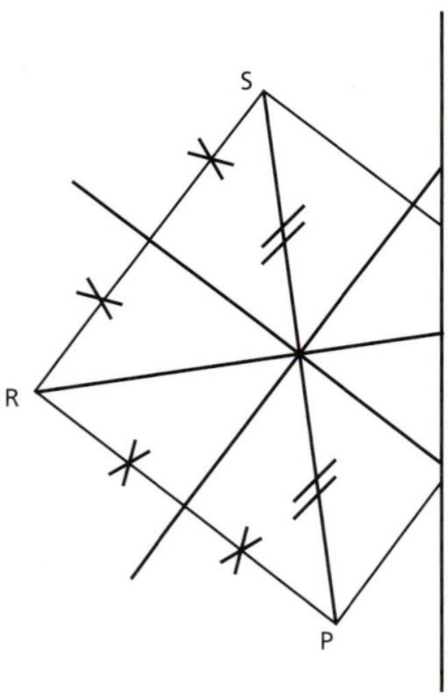


**6**

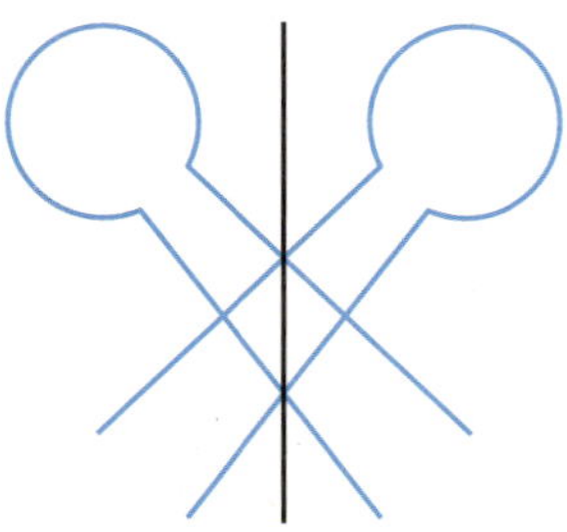

**7**

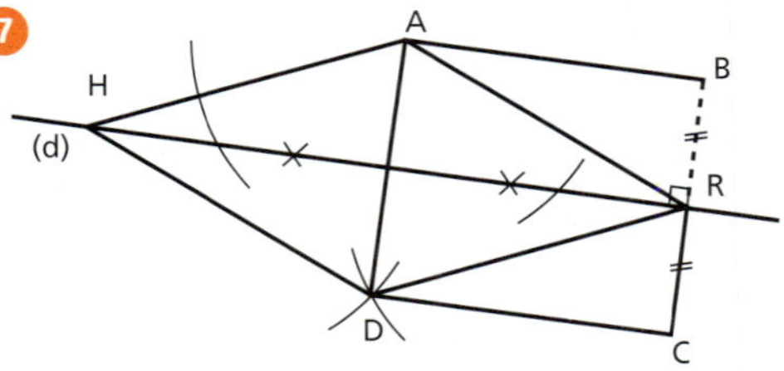


**8**

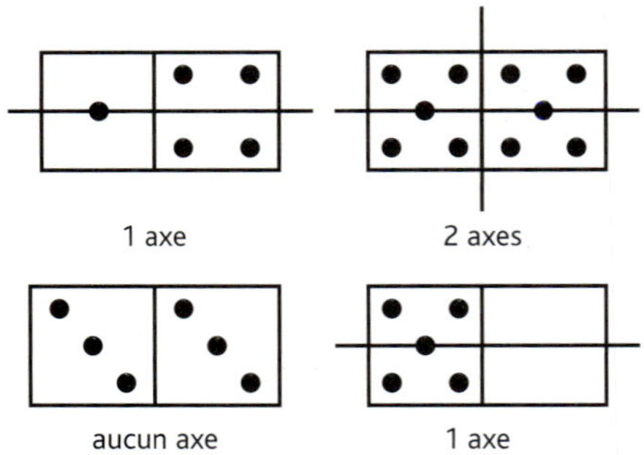


## ▸ Chapitre 27 • page 117

**1** **a.** V • **b.** V • **c.** F • **d.** F • **e.** F.

**2** Le cube.

**3** C'est un carré de 4 cm de côté.

**4**

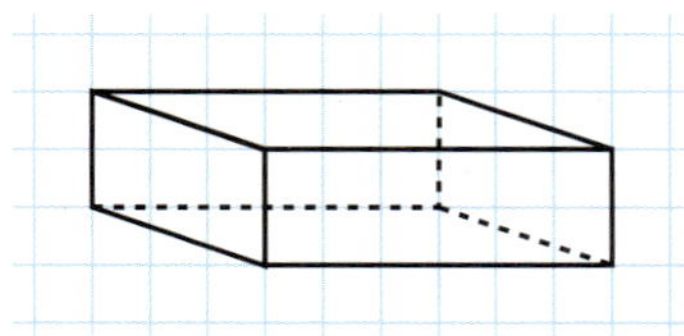

**5** **a.**

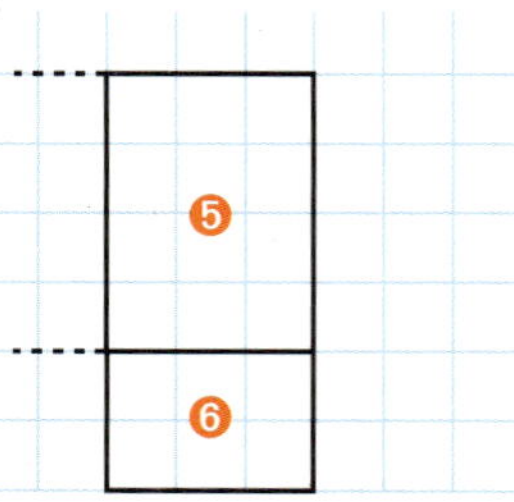


**b.**

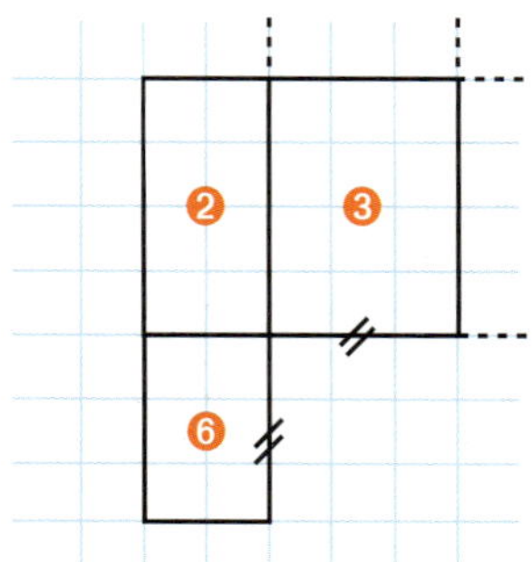


**6** La face avant du cube est bleue.

**7** **a.** Non, car les arêtes cachées ne sont pas représentées.

**b.** et **c.**

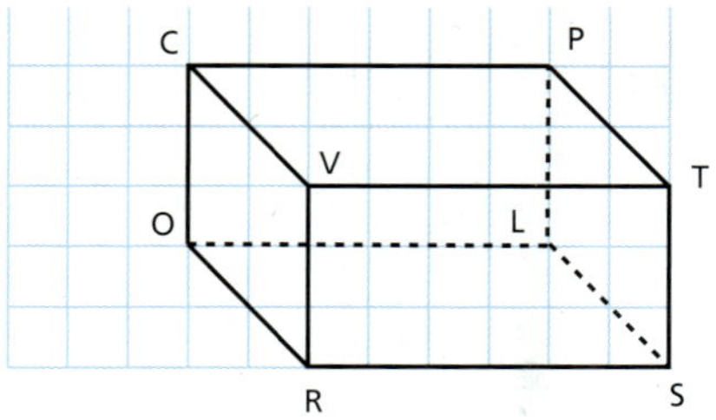


## ▸ Chapitre 28 • page 119

**1** **a.** F • **b.** V • **c.** F • **d.** V.

**2**

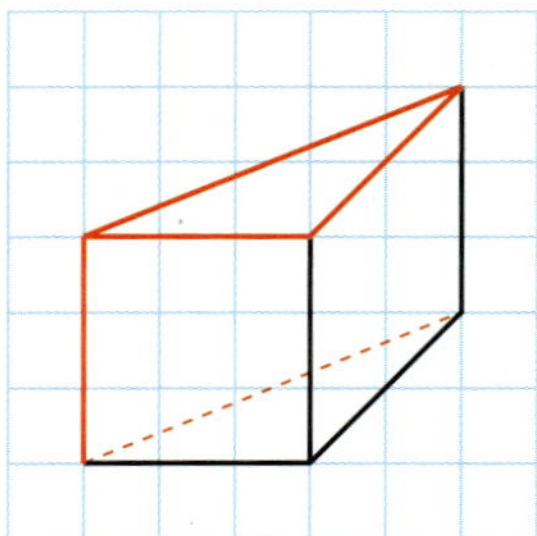

**3** La figure C.

**4** Il y a 3 faces rectangulaires ; chacune des deux faces parallèles a donc 3 côtés.

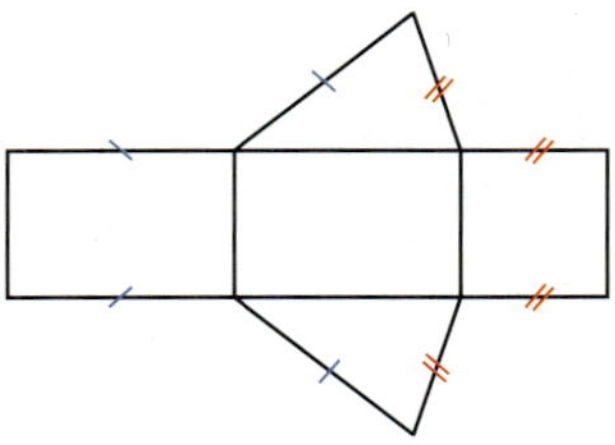

ou

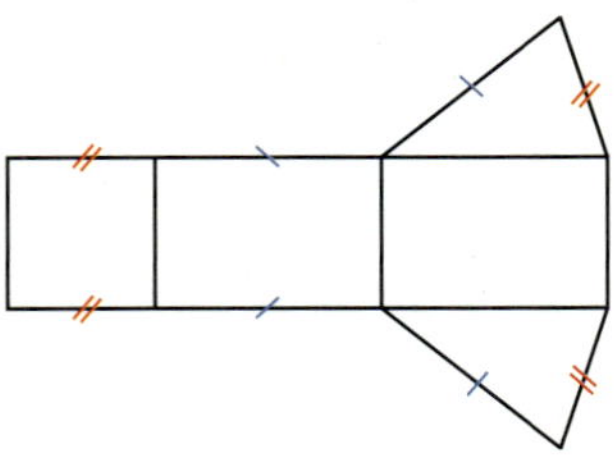

ou

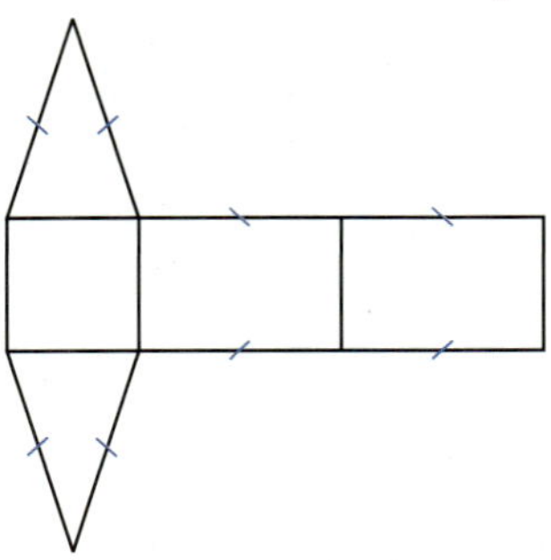

**5** Les côtés égaux des 3 autres triangles isocèles mesurent 2 cm.

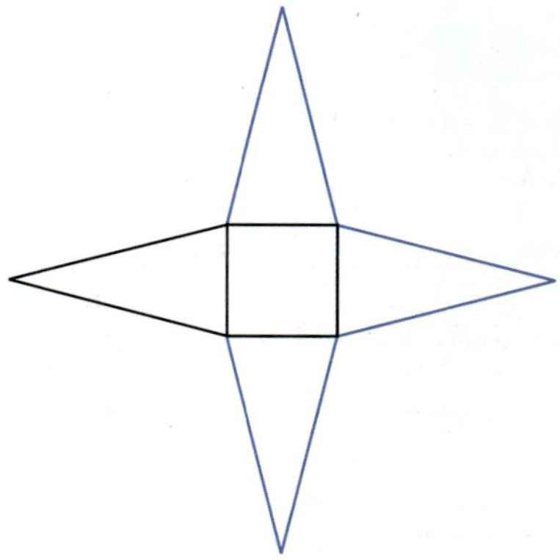

**6** La 3$^{e}$ figure.

**7** **a.** Non. Le triangle qui est isocèle sur le patron doit être un triangle équilatéral.

**b.**

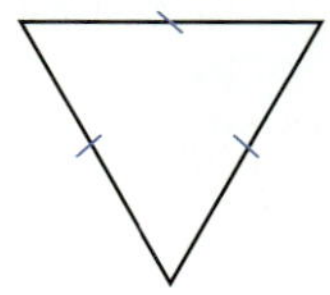

## ▸ Test-Bilan • page 120

**1.** $\frac{5}{3}$ • **2.** 230 • **3.** 3 936,192 • **4.** 10 ; 32 • **5.** 3 • **6.** 1,2
**7.** 100 g • **8.** 5 € • **9.** 100 m ; 1 hm ; 10 dam • **10.** 8 cm • **11.** 10 cm$^2$ ; 1 000 mm$^2$ • **12.** 30 dm$^3$ ; 30 L • **13.** Le carré ; Le cercle • **14.** La médiatrice • **15.** trois côtés de même mesure. ; trois angles égaux à 60°. • **16.** 3 • **17.** des triangles.

# HISTOIRE-GÉO • EMC

## ▸ Chapitre 1 • page 123

**1** **a.** Faux, ils sont nomades. • **b.** Vrai. • **c.** Vrai. • **d.** Faux, il a fallu 3 millions d'années aux hominidés pour peupler tous les continents. • **e.** Faux, ce sont deux espèces distinctes ; seul Homo sapiens a survécu.

**2** **a.** Peinture réalisée sur les parois d'une grotte. • **b.** Dans l'Ardèche, à Vallon-Pont-d'Arc. • **c.** Ce sont des lions, des animaux sauvages que l'homme chassait pour se nourrir. • **d.** Les animaux semblent s'enfuir. • Le trait du dessin est noir : il a été fait avec du charbon de bois récupéré lors de la combustion du bois qui servait au chauffage et à l'éclairage.

**3** **a.** Vers – 45 000. • **b.** Le littoral pacifique. • Les hommes venaient d'Asie et ont profité de la dernière glaciation, qui s'est achevée vers – 14 000, pour franchir à pied l'épaisse couche de glace qui reliait la Sibérie (Asie) et l'Alaska (Amérique). • **c.** À cause des hautes montagnes de l'Himalaya. • **d.** Il a fallu 184 000 ans pour que l'homme, parti d'Afrique de l'Est (– 195 000), arrive à l'extrémité de l'Amérique du Sud (– 11 000).

## ▸ Chapitre 2 • page 125

**1** **a.** Vrai • **b.** Faux, c'est vers 8 000 av. J.-C. que l'homme commence à pratiquer l'agriculture. • **c.** Faux, ce sont des monuments funéraires.

**2** **a.** Ötzi vivait dans les Alpes, à plus de 3 000 mètres d'altitude : c'est une région très froide. Il est chaudement habillé, porte des jambières, un grand manteau, un bonnet et des chaussures. • **b.** De haut en bas : carquois et flèches • arc • lance • hache. • **c.** Les flèches de son carquois lui servaient à chasser à l'arc le gibier dont il se nourrissait, et son poignard, à dépecer les animaux.

**3** **a.** Autour du bassin méditerranéen. • **b.** Ces régions ont des fleuves puissants avec des crues considérables. Le riz, qui ne pousse qu'en terres inondées, y trouve donc des conditions favorables. • **c.** Des volailles (pigeons, canards, poulets, oies), des animaux de boucherie (porcs, moutons) et des animaux pour le travail des champs (buffles) ou le transport (chameaux, dromadaires).

## ▸ Chapitre 3 • page 127

**1** **a.** Le soleil. • **b.** La Lune. • **c.** La Terre. • **d.** La marche. • **e.** Le ciel. • **f.** L'eau. • **g.** La joie.

**2** **a.** Sur la rive (droite) de l'Euphrate, à son embouchure. C'est un port relié au fleuve par un canal. • **b.** Pour la protéger des invasions. • **c.** Les habitants cultivent les terres à l'extérieur et au pied des remparts, près du cours d'eau qui assure l'humidité des terres et dépose des limons lorsqu'il est en crue. • **d.** Le ziggourat (grand temple) comporte plusieurs étages.

**3** **a.** doc. 1 : pictogrammes ; doc. 2 : cunéiforme ; doc. 3 : hiéroglyphes ; doc. 4 : hiératique. • **b.** Les pictogrammes mésopotamiens. • **c.** Les tablettes d'argile (doc. 1 et 2), la pierre (doc. 3) et le papyrus (doc. 4). **d.** L'écriture du doc. 2 est une simplification de l'écriture du doc. 1, celle du doc. 4 une simplification du doc. 3. **e.** En Mésopotamie et en Égypte, des régions très commerçantes. L'écriture était nécessaire pour tenir les livres de comptes et pour transmettre des ordres.

## ▸ Chapitre 4 • page 129

**1** **a.** De haut en bas : limites de la cité • fortifications • acropole • ville • campagne. • **b.** Faux, la cité est une ville fortifiée très dépendante de la campagne qui l'entoure. • Vrai.

**2** **a.** Périclès a dirigé la démocratie athénienne pendant plus de trente ans. C'était un aristocrate qui a mis sa fortune au service d'autrui. Il a encouragé les arts et chargé Phidias de reconstruire le Parthénon après sa destruction. Il était admiré et sensible aux malheurs du peuple. Il a marqué son époque ; on parle d'ailleurs du « siècle de Périclès ». • **b.** Parce qu'elle n'exclut personne et sert les intérêts de tout le peuple. Elle établit l'égalité devant la loi. Les magistrats, qui doivent faire appliquer les lois votées par l'Ecclésia, sont tirés au sort selon leur mérite, et non selon leur position sociale. Tout le monde peut participer à la vie de la cité. • **c.** Un citoyen qui ne participe pas à la vie de la cité.

**3** **a.** Le thème est donné par le titre : il s'agit de la colonisation grecque entre le VIII$^{e}$ et le VI$^{e}$ siècle av. J.-C. • **b.** Sparte, Corinthe et Athènes, représentées par des carrés, sont les trois grandes cités grecques. • Elles se situent au Sud de la Grèce • **c.** Les colonies, symbolisées par un point, se situent sur les rives de la Méditerranée et de la mer Noire. • **d.** Les flèches signalent les nombreux échanges commerciaux avec d'autres régions et d'autres peuples (les Ibères, les Gaulois, les Germains…). • **e.** La Grèce avait une forte influence politique et économique en Méditerranée.

## ▸ Chapitre 5 • page 131

**1** **a.** Faux, ils sont polythéistes : ils honorent plusieurs dieux. • **b.** Vrai. • **c.** Vrai. • **d.** Faux, c'est la déesse du foyer. • **e.** Faux, ce sont des sanctuaires panhelléniques. Olympie est dédié à Zeus et Delphes à Apollon.

**2** **a.** Neuf ans : Alexandre et ses troupes sont partis en 334 av. J.-C. et arrivés en 325 av. J.-C. • **b.** Il s'étend sur l'Europe jusqu'aux confins de l'Inde, en englobant l'Asie mineure et ce qui est aujourd'hui l'Égypte. • **c.** Alexandrie.

**3** **a.** Les os sont destinés à Apollon ; ils sont couverts de graisse puis brûlés pour que le dieu s'en nourrisse. • **b.** Une libation est un rituel religieux qui consiste à présenter une boisson en offrande à un dieu en renversant quelques gouttes sur le sol ou sur un autel. • **c.** Pour éviter leur colère, mais aussi pour que les dieux leur soient favorables.

## ▸ Chapitre 6 • page 133

**1** **a.** Vrai. • **b.** Faux, le *pomerium* désigne la limite fortifiée. • **c.** Vrai.

**2** **a.** À surveiller l'horizon et à donner l'alerte au besoin. • **b.** Les Romains ont construit ces fortifications autour d'Alésia pour empêcher les Gaulois retranchés dans l'oppidum de s'enfuir. • **c.** Vercingétorix et les Gaulois coalisés contre César finissent par se rendre car ils manquent de vivres ; Rome prend ainsi le contrôle de la Gaule.

**3** **1.** 509 av. J.-C. • **2.** 202 av. J.-C. • **3.** 44 av. J.-C. • **4.** 753 av. J.-C. • **5.** 27 av. J.-C. • **6.** 52 av. J.-C.

## ▸ Chapitre 7 • page 135

**1** **a.** Yahvé. • **b.** Monothéiste. • **c.** La Diaspora.

**2** **a.** Lors de la sortie d'Égypte. • **b.** Sous la forme d'une grande flamme. • **c.** Parce qu'il entre sur une terre sainte, donc sacrée. • **d.** Par respect.

**3** **a.** De la région d'Ur, en Mésopotamie, à l'embouchure de l'Euphrate. • **b.** Parce que la région, appelée « croissant fertile », est très riche. Le fleuve y dépose des limons qui favorisent l'agriculture. • **c.** Damas en pays de Canaan, puis l'Égypte, le désert du Sinaï et à nouveau Canaan et Jérusalem.

## ▸ Chapitre 8 • page 137

**1** Empereur élu des Dieux • chef militaire • chef de la religion et du clergé • tribun • cinq fois consul • général en chef.

**2** **a.** Les routes romaines sont d'ingénieuses constructions. Pour la stabilité, les Romains étalent d'abord un lit de pierres plates. Ils le recouvrent de sable et de chaux sur lesquels repose le « béton romain », c'est-à-dire des dalles jointées par le sable qui permettent le passage des chariots. • **b.** De chaque côté de la route, des fossés récupèrent les eaux de pluie qui s'infiltrent dans les sables du soubassement. • **c.** Les Romains construisaient des routes pour faciliter le transport des troupes et les échanges.

**3** **a.** Essentiellement au nord, le long de la frontière avec les peuples germains, de redoutables conquérants. • **b.** Rome est un nœud de routes, qui ont un rôle militaire essentiel : tous les embranchements mènent vers une légion. • **c.** Europe (Espagne, Portugal, France, Angleterre, Europe centrale), Afrique (du Maroc à l'Égypte) et Asie mineure (de la Turquie au littoral méditerranéen de la péninsule arabique).

## ▸ Chapitre 9 • page 139

**1** **a.** Vrai. • **b.** Faux, l'annone est un impôt. • **c.** Faux, le forum se situe au centre de la ville, à l'intersection du cardo et du decumanus. • **d.** Vrai.

**2** **a.** Jules César. • **b.** Ils sont « brillants ». Ils ont tenu tête à Jules César mais ont ensuite montré « une fidélité inébranlable » à Rome. Ils ont aidé et protégé les soldats de Drusus quand ils essayaient de conquérir la Germanie. • **c.** « Gaule chevelue » fait référence aux nombreuses et épaisses forêts qui recouvraient la Gaule.

**3** **a.** Cernunnos est un dieu celte. Mercure et Apollon sont des dieux romains. • **b.** Cernunnos est assis au centre, encadré par Apollon à gauche et par Mercure à droite : c'est la preuve que les Gaulois ont adopté les dieux romains. Cernunnos tient un enfant dans ses bras car, pour les Gaulois, il est le dieu de la fécondité. • **c.** Non, puisqu'elle honore encore ses propres divinités.

## ▸ Chapitre 10 • page 141

**1** **a.** Faux, c'est Constantin, en 313. • **b.** Faux, c'est le Nouveau Testament qui a été rédigé après la mort de Jésus. • **c.** Vrai.

**2** **a.** Épître de Paul et Évangile selon Saint Matthieu. • **b.** « irréprochable » ; « digne » ; « intègre » ; « foi » ; « amour » ; « paix » ; « harmonie » ; « concorde ». • **c.** Jésus est accueilli par une foule agitée. • **d.** Ce n'est pas un culte impérial, mais une religion qui prône le pardon, l'amour de l'autre, l'égalité devant le Christ et qui promet l'éternité à ceux qui aident leur prochain.

**3** **a.** Quatre ; le 4e voyage est un envoi en captivité à Rome durant lequel il poursuit son action d'évangélisation. • **b.** Il se propage depuis Jérusalem et la Palestine, régions où les Juifs étaient les plus nombreux et où Jésus a prêché. • **c.** Il a peu à peu gagné les ports et les vallées avant de s'étendre à toute l'Europe.

## ▸ Chapitre 11 • page 143

**1** **a.** Le confucianisme. • **b.** IIe siècle av. J.-C. • **c.** Le gouvernail et la boussole.

**2** **a.** En soie. • **b.** Les nombreux plis et la transparence du tissu. • **c.** Elle est riche car la soie, qui vient de Chine, coûte cher.

**3** **a.** Essentiellement des montagnes. • **b.** 6 × 900 km = 5 400 km. • **c.** L'Empire chinois, l'empire du Kouchan, l'Empire parthe et l'Empire romain. • **d.** Par la voie maritime qui, depuis la Chine, passe par la mer de Chine et l'océan Indien ; elle se divise à l'entrée de la mer d'Oman (soit par la mer Rouge, soit par le Golfe persique) pour gagner la Méditerranée.

## ▸ Chapitre 12 • page 145

**1** **a.** Faux, 21 villes dans le monde ont plus de 10 millions d'habitants. • **b.** Faux, « 21 » désigne le XXIe siècle. • **c.** Vrai. • **d.** Faux, il réduit au maximum l'impact sur l'environnement, favorise le développement économique et la qualité de vie des habitants. • **e.** Faux

**2** **a.** Les toits accueillent des jardins qui limitent l'utilisation de la climatisation : les plantes protègent du froid et de la chaleur. **b.** Elles sont entièrement végétalisées : la verdure est partout. **c.** Des passerelles relient les bâtiments entre eux, créant des ponts au-dessus des grands axes de circulation.

**3** **a.** Nous devons prendre soin de la planète que nous laisserons à nos enfants. • **b.** Trier les déchets, ne pas gaspiller l'eau, ou encore éteindre la lumière lorsqu'elle n'est pas utile sont des gestes simples qui contribuent au développement durable. • **c.** C'est la mise en œuvre de pratiques qui permettent de préserver les ressources de la Terre dans le présent, mais également dans le futur.

## ▸ Chapitre 13 • page 147

**1** **a.** Vrai, car Montréal est effectivement en partie souterraine. • **b.** Vrai. • **c.** Faux, la Médina est au sud. • **d.** Vrai.

**2** **a.** Influence française : rue Sainte-Catherine • influence anglo-saxonne : rue Sherbrooke. • **b.** On trouve également d'autres communautés : chinoise, portugaise, grecque, juive, italienne, haïtienne, asiatique. • **c.** Ceux de certains quartiers : Liberté, Le Plateau, Bel Air. • **d.** Dakar est gênée dans son développement parce qu'elle est entourée par l'océan sur trois de ses façades.

**3** **a.** L'aéroport, un important réseau routier, une zone industrielle et une université. • **b.** Les conditions naturelles gênent leur extension : l'océan pour Dakar, les cours d'eau pour Montréal.

## ▸ Chapitre 14 • page 149

**1** **a.** Les alpages. • **b.** 3 000 m. • **c.** Le blizzard. • **d.** Un cours d'eau intermittent.

**2** **a.** Au-delà du cercle polaire, près du pôle. Le 80° parallèle Nord le traverse au nord. • **b.** Le long de la côte, car seul le sol du littoral dégèle en été, ce qui permet une petite activité agricole. • **c.** L'exploitation des mines : le sous-sol est riche.

**3** **a.** L'adret, c'est-à-dire le côté ensoleillé face au sud. • **b.** Elles sont disposées en gradins pour que chacune puisse disposer d'un ensoleillement maximum. • **c.** Étage montagnard. On voit des sapins et des hêtres.

## ▸ Chapitre 15 • page 151

**1** **a.** Faux, il va de point d'eau en point d'eau. • **b.** Faux, il pratique une agriculture vivrière. • **c.** Vrai. • **d.** Faux, l'urbanisation y est même très ancienne.

**2** **a.** A) Les maisons sont accolées et de couleur claire, pour lutter contre la chaleur. • Arbres et palmiers sont nombreux, ce qui traduit la présence d'eau. Le palmier offre de l'ombre, assure l'humidification de l'air, donne de l'huile et des dattes. • La couleur de la terre fait penser à du sable. B) Une parcelle cultivée à l'intérieur d'une oasis. • Les terrains sont petits pour que tous les paysans puissent bénéficier de l'irrigation assurée par le canal central. • Dans cette partie irriguée, la terre est rouge. Ce n'est pas du sable. Il y pousse de jeunes palmiers et quelques autres plantes. • Le paysan est bien couvert pour se protéger de la déshydratation que pourrait provoquer la chaleur.

**b.** L'oasis est donc un endroit privilégié dans le désert car la présence d'eau permet les cultures vivrières et l'élevage. Les palmiers assurent l'ombrage nécessaire et atténuent ainsi la chaleur écrasante du soleil. La population est sédentaire.

**3** **a.** Non. Notre organisme n'est pas habitué à une faible quantité d'oxygène. Nos poumons et notre cœur ne résisteraient pas : ils ne sont pas assez développés. Nous ne sommes pas habitués non plus au grand froid. • **b.** Leurs poumons et leur cœur sont plus développés que les nôtres. • **c.** Non. Ils n'ont pas les anticorps nécessaires pour résister aux maladies tropicales.

## ▸ Chapitre 16 • page 153

**1** **a.** Faux, elle est pratiquée dans les PED. • **b.** Faux, elle est très mécanisée et performante. • **c.** Vrai. • **d.** Faux, ils peuvent être vendus dans les marchés locaux ou être exportés. • **e.** Faux, c'est le développement des villes sur des espaces autrefois agricoles. • **f.** Faux, c'est le riz. • **g.** Faux, ce sont les pays en développement. • **h.** Vrai.

**2** **a.** La culture inondée du riz, qui se caractérise par son paysage en terrasses. • **b.** Au centre ; pour réduire le temps de déplacement entre l'habitation et la parcelle.

**3** **a.** Ablis est dans le département des Yvelines, à l'ouest de Paris. • Le Mali est un pays d'Afrique occidentale, dans la zone tropicale sèche (la zone de la savane). • **b.** Ablis est accessible par autoroute et entourée de champs, que l'on voit même au milieu des lotissements. Le vieux village se remarque à ses maisons plus serrées. Autour, les constructions se sont multipliées. C'est l'exemple type de la rurbanisation. • Le village malien est formé d'un groupement de cases. Autour, les champs sont limités par des haies d'herbes sèches. Au-delà, c'est la savane. • **c.** Ablis a grossièrement la forme d'une étoile. • Le village malien est presque circulaire. • **d.** Au Mali, les conditions climatiques sont difficiles : le village se regroupe autour des points d'eau. Les haies délimitent les parcelles et évitent les intrusions. Elles retiennent l'humidité et font un peu d'ombre.

• **e.**

**Croquis d'Ablis**

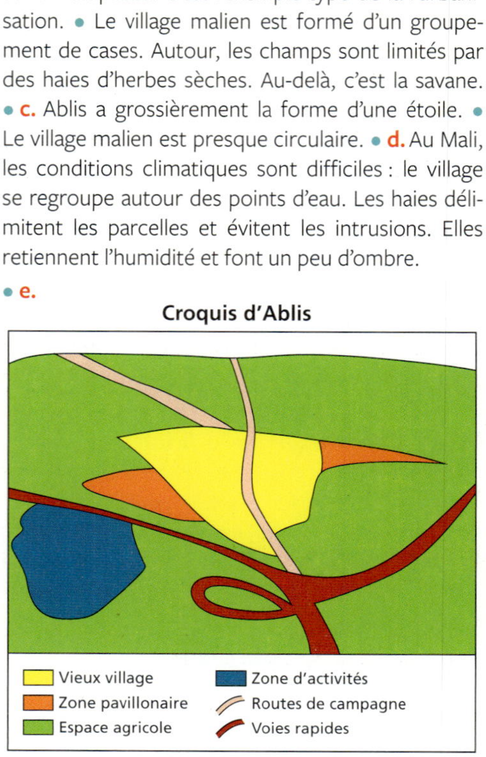

**Croquis de Kayes**

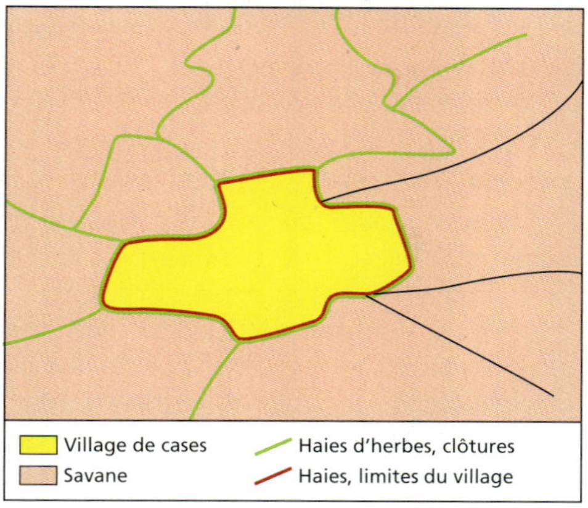


## ▸ Chapitre 17 • page 155

**1** **a.** Faux, elle est commerciale. • **b.** Vrai. • **c.** Vrai. • **d.** Faux, son exploitation est familiale et de taille moyenne.

**2** **a.** Le produit déversé est de couleur jaune : c'est un pesticide. • **b.** Une grande exploitation. • **c.** Non. Elles sont destinées à la commercialisation.

**3** **a.**

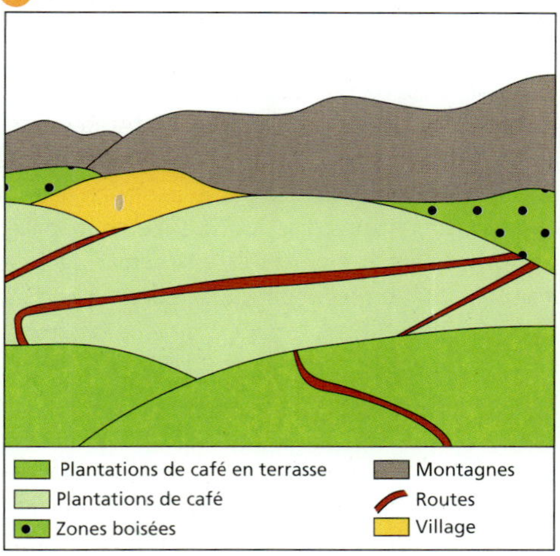


**b.** Cette exploitation est organisée comme une exploitation scientifique. Il s'agit d'une exploitation commerciale. Les différentes parcelles sont séparées par des routes qui permettent aux camions de transporter rapidement la récolte. • **c.** Les parcelles épousent le relief, ce qui permet de lutter contre l'érosion produite par la pluie et le vent. • **d.** Un bidonville (*favela*). • **e.** Les très grandes exploitations spécialisées dans une culture – ici, le café – emploient des dizaines de paysans et exportent leur production. Toutefois, beaucoup de petits paysans n'ont pas de terre. Ils s'installent alors dans les bidonvilles, près des villes, où ils peuvent trouver des emplois précaires autant dans l'agriculture que dans les autres secteurs d'activités.

## ▸ Chapitre 18 • page 157

**1** **a.** le littoral. • **b.** 75 %. • **c.** du pétrole.

**2** agglomérations • terre-pleins • industrialisation • rurbanisation. • tourisme • CBD.

**3** **a.** Des voies de circulation, des parkings, des hôtels, des restaurants (par exemple sur l'Île des Loisirs). • **b.** Le port, les plages, les routes, les habitations, les espaces verts. • **c.** Port de Malfato, Port St Martin, Port de la Clape • **d.** Littoral touristique.

## ▸ Chapitre 19 • page 159

**1** **a.** polder et terre-plein. • **b.** minéralier. • **c.** devise. • **d.** écosystème.

**2** **a.** En construisant des routes et des parkings sur les récifs coralliens. • **b.** Le corail a été tué. Malheureusement, c'est irréversible.

**3** **a.** Dans l'hémisphère sud à 21° Sud et 55° Est. • **b.** L'océan Indien. • **c.** Nombre d'habitants par $km^2$. • **d.** Non : les zones montagneuses sont quasiment inhabitées. • **e.** En bord de mer et dans les vallées, car l'intérieur de l'île offre un relief très difficile. • Presque toutes les villes ont des noms de saints. • Le tourisme balnéaire concentre les emplois et attire donc les populations.

## ▸ Chapitre 20 • page 161

**1** **a.** densité. • **b.** citadin. • **c.** foyer de peuplement. • **d.** mégalopole.

**2** **a.**

| État | Population (2018) | Superficie ($km^2$) | Densité (hab./$km^2$) |
|---|---|---|---|
| Allemagne | 82 700 000 | 357 026 | **231,63** |
| Chine | 1 400 000 000 | 9 641 144 | **145,2** |
| Espagne | 46 600 000 | 505 911 | **92,11** |
| États-Unis | 326 000 000 | 9 629 048 | **33,85** |
| France incluant les DROM | 67 100 000 | 632 834 | **106** |
| | 64 810 000 | 552 000 | **117,4** |
| Inde | 1 340 000 000 | 3 287 000 | **407,66** |
| Italie | 60 500 000 | 301 336 | **200,7** |
| Pays Bas | 17 100 000 | 41 528 | **411,77** |
| Royaume Uni | 66 020 000 | 242 821 | **271,88** |
| Suède | 10 100 000 | 449 964 | **22,44** |

• **b.** Non : la Chine est de loin l'État le plus peuplé, mais n'a pas la plus forte densité. • **c.** Les Pays-Bas, l'un des États les plus petits. • **d.** La Chine et l'Inde sont les deux géants démographiques. • **e.** En Chine, la densité moyenne (145 hab./$km^2$) est à peine supérieure à celle de la France (106 hab./$km^2$). Avec vingt fois plus d'habitants que la France, l'Inde a une densité quatre fois supérieure (407 hab./$km^2$).

**3** **a.** 500 000 habitants. • **b.** Non, certaines zones, comme le Sahara, sont très peu peuplées. • **c.** Les régions au climat méditerranéen (côte méditerranéenne au Nord, région du Cap à l'extrême Sud), ainsi que les littoraux, sont les plus peuplées. • **d.** Les déserts, où le manque d'eau rend la vie difficile, et la zone équatoriale, où la forêt dense empêche l'installation de l'Homme.

## ▸ Chapitre 21 • page 163

**1** **a.** Vrai. • **b.** Faux, elle exige une importante main-d'œuvre. • **c.** Faux, exemples : Paris, Cologne

• **d.** Faux, l'Asie de l'Est, l'Asie du Sud et l'Europe sont les trois principaux foyers de peuplement.

**2** attiré • ports • deltas • plaines littorales • densités • régions continentales • riziculture.

**3** **a.** Le nombre important d'habitants demande de grandes quantités de riz. Les plaines ne suffisant pas, l'homme a aménagé des terrasses qu'il irrigue. • **b.** Car c'est un paysage créé par l'Homme, qui a façonné les pentes de la montagne. • **c.** Non. Ainsi, la population est invitée à partir vers des îles moins peuplées.

## ▸ Chapitre 22 • page 165

**1** **a.** Faux, elle a été votée en 1905. • **b.** Vrai • **c.** Faux, notre liberté s'arrête là où commence celle des autres. • **d.** Faux, l'État français est une république laïque depuis 1905.

**2** **a.** La liberté d'expression et, donc, la liberté de la presse. • **b.** Critique moqueuse (d'une époque, d'une politique, de personnages publics, etc.). • **c.** De par les motivations religieuses de ces terroristes, leurs crimes peuvent être interprétés comme des négations de la liberté de conscience de leurs victimes.

**3** **a.** Une charte est un texte solennel destiné à fixer des règles. – Le prosélytisme est l'attitude de celui qui veut imposer ses idées. • **b.** Il n'y a pas de religion d'État. Chacun est libre de ses croyances à condition de respecter celles des autres. – Ces articles garantissent la liberté de conscience et d'expression. • **c.** Non, car ce serait contraire au principe de laïcité qui garantit à chacun sa liberté de conscience.

## ▸ Chapitre 23 • page 167

**1** suffrage universel direct • cinq • 19 • 2002 • Cour de justice des Communautés européennes.

**2** **a.** « Libres et égaux en droits » signifie que, quelle que soit notre position sociale, nous avons tous les mêmes droits (face à la justice par exemple). Nous sommes libres de circuler, de nous exprimer, etc., à condition de respecter ceux qui ne pensent pas comme nous. • C'est une notion très importante : aujourd'hui, nous avons par exemple tous le droit de faire des études, sans distinction de classe sociale ou de sexe. • L'article 1, qui garantit « l'égal accès des femmes et des hommes [...] aux responsabilités professionnelles et sociales ». • **b.** Oui, à condition toutefois de ne pas déranger notre entourage ou d'empiéter sur les libertés d'autrui. • **c.** Les articles X et XI garantissent aux citoyens de pouvoir parler, écrire, imprimer et exercer librement la religion qu'ils souhaitent. • **d.** Une démocratie.

**3** **a.** 751. • **b.** Être « eurosceptique » signifie ne pas croire en l'avenir de l'Europe. • Le régionalisme est le fait de valoriser et de défendre les particularités ou l'identité des régions. • **c.** Parce que toutes les sensibilités politiques y sont représentées, de l'extrême gauche à l'extrême droite.

## ▸ Chapitre 24 • page 169

**1** 1. Sondages. • 2. Médias. • 3. Croyance. • 4. Opinion. • A. Démocratie. • B. Religion.

**2** **a.** 996 personnes, qui ont été contactées par Internet. • **b.** Le thème de ce sondage est le comportement des Français en matière d'écologie. • **c.** C'est dans les domaines du tri des déchets et de l'usage de matériaux recyclables que les Français sont prêts à faire le plus d'effort. • **d.** Les Français ne sont majoritairement pas en mesure d'adapter leurs déplacements et leurs moyens de transports. • **e.** Le paradoxe est que les Français semblent vouloir agir pour protéger l'environnement, mais ne se disent pas prêts à agir sur l'une des principales causes du réchauffement climatique : les émissions de gaz à effet de serres produites par les gaz d'échappement des voitures à essence.

## ▸ Chapitre 25 • page 171

**1** **a.** Faux, car lorsque je prends un engagement envers quelqu'un, c'est ma responsabilité morale qui est en jeu ; je dois le respecter. • **b.** Vrai. • **c.** Vrai. • **d.** Vrai. • **e.** Faux, puisque c'est lui qui les élit ; il est donc responsable des décisions prises par ces élus.

**2** **a.** Le directeur et le rédacteur en chef ont dû démissionner. • **b.** Parce qu'ils étaient responsables des informations divulguées. • **c.** Vérifier l'information avant de l'annoncer, ainsi que les sources d'où elle est tirée.

**2** **a.** Un lotissement a été recouvert par les eaux et 29 personnes ont péri, noyées. • **b.** Car leur responsabilité a été reconnue : il leur a ainsi été reproché d'avoir autorisé la construction d'un lotissement dans une zone susceptible d'être inondée. Ils ont donc été condamnés pour « homicides involontaires et mise en danger de la vie d'autrui ». • **c.** Les services de la Préfecture et, donc, de l'État ; mais ils n'ont pas été condamnés.

## ▸ Test-Bilan • page 172

**1.** vrai • **2.** vrai • **3.** 1. pictogrammes-idéogrammes 2. écriture cunéiforme 3. hiéroglyphes • **4.** faux • **5.** vrai • **6.** faux • **7.** vrai • **8.** 212 • **9.** les caravanes partant de Chine transportaient des tissus de soie. • **10.** faux • **11.** construit des immeubles qui consomment peu d'énergie. • économise l'eau. • **12.** En Afrique, la pratique du brûlis apporte de l'engrais à la terre. • **13.** Un front pionnier est un espace défriché pour attirer de nouvelles populations. • **14.** L'agriculture intensive traditionnelle nécessite beaucoup de main-d'œuvre. – En Asie, le riz peut être cultivé en terrasses. • **15.** les lois sont écrites. • **16.** de Maastricht. • **17.** vrai.

# SCIENCES & TECHNO

## ▸ Chapitre 1 • page 175

**1** Vrai : **a.** ; **d.** • Faux : **b.** ; **c.**

**2** **a.** hétérogène • **b.** saturée – sel • **c.** aqueuse • **d.** soluté – solvant.

**3** **a.** Des bulles se forment dans l'eau et s'échappent. • **b.** Le gaz vient de la bouteille d'eau gazeuse. • **c.** Elle se déplace dans le cristallisoir, d'où le nom de cette technique. • **d.** L'agitation et le chauffage permettent d'accélérer la séparation du gaz et de l'eau (la solubilité du gaz diminue quand la température s'élève).

**4** *Ton texte pourra être du type :*

Lorsque je verse le sel dans l'eau et que j'agite, le sel qui est le soluté va se dissoudre dans l'eau qui est le solvant. Le mélange obtenu est une solution d'eau salée d'aspect homogène et limpide.

**5** **a.** Plusieurs méthodes sont possibles :

– la première serait de goûter l'eau des deux bouteilles, mais il ne faut surtout pas le faire, tu pourrais être malade,

– la deuxième serait de laisser l'eau des deux bouteilles s'évaporer, puis de peser le sel recueilli dans chaque cas,

– la troisième serait de peser les deux bouteilles : la plus lourde est celle qui contient le plus de sel par litre, donc celle d'eau de la mer Morte.

**b.** La bouteille d'eau de la mer Méditerranée contient 54 g de sel ($1{,}5 \times 36$), et celle d'eau de la mer Morte en contient 450 g ($1{,}5 \times 300$).

## ▸ Chapitre 2 • page 177

**1** **a.** évaporation • **b.** liquide • **c.** moins dense • **d.** leur taille

**2** **a.** décantation • **b.** filtration (filtre à huile) • **c.** décantation • **d.** évaporation

**3** **a.** Les eaux usées sont des mélanges hétérogènes : elles contiennent des éléments non dissous comme des brindilles, du plastique, etc. • **b.** le dégrillage • **c.** une grille • **d.** le dessablage, le dégraissage, la décantation, la clarification • **e.** Non, car elle contient encore des micro-organismes qui peuvent nous rendre malades.

**4** Clément doit verser de l'eau sur ce mélange de sel et de sable. Le sel va se dissoudre dans l'eau mais pas le sable. Ensuite, il verse ce mélange d'eau salée et de sable à travers un filtre. Le sable est retenu par le filtre mais pas l'eau salée. Il ne lui reste plus qu'à laisser l'eau s'évaporer (ou bien à accélérer ce processus en chauffant l'eau salée). Le sel réapparaît sous forme de cristaux.

**5** **a.** La technique utilisée pour séparer le sel de l'eau est l'évaporation. • **b.** Cette récolte a lieu l'été car il fait chaud et, donc, l'eau s'évapore plus vite. • **c.** L'eau salée des derniers bassins est saturée en sel. L'excédent de sel cristallise et tombe au fond des bassins sous l'effet de la gravité.

## ▸ Chapitre 3 • page 179

**1** Vrai : **a.** ; **b.** ; **c.** ; **d.** • Faux : **e.**

**2** **a.** circulaire • **b.** circulaire • **c.** circulaire • **d.** rectiligne

**3** **a.** Pour sortir le bâton de colle du tube, il faut dévisser le bouchon puis tourner la base selon un mouvement circulaire. Le bâton de colle effectue alors un mouvement rectiligne qui lui permet de sortir du tube. • **b.** Il y a transformation du mouvement circulaire en mouvement rectiligne. • **c.** D'autres objets transforment un mouvement circulaire en mouvement rectiligne : un bâton de rouge à lèvres, un étau, un tire-bouchon à levier, un serre-joint, etc.

**4** **a.** Les balles sont identiques (même diamètre et même masse) mais elles sont lâchées à des hauteurs différentes. La balle lâchée à 1 m de haut arrivera au contact de la farine avec une vitesse beaucoup plus importante que celle lâchée à 15 cm de haut. L'énergie libérée au moment de l'impact sera plus importante et le cratère plus profond. • **b.** Dans ce second cas, la hauteur de chute est identique mais c'est la masse des deux objets lâchés qui est différente. La boule de bois, plus lourde que la balle de ping-pong, entraînera la formation d'un cratère plus important car elle véhiculera plus d'énergie au moment de l'impact.

**5** **a.** Le cadre du vélo était en mouvement sur la photo 2. Un objet est en mouvement, ou non, par rapport à un autre objet de référence. Si l'on considère, par exemple, le sol comme référentiel, seul le cadre dans la photo 2 est en mouvement. • **b.** un mouvement rectiligne • **c.** Sur la photo 1, la valve décrit un mouvement circulaire. Ce n'est pas le cas sur la photo 2, puisque son mouvement, complexe, est composé d'une combinaison d'un mouvement rectiligne et d'un mouvement circulaire.

## ▸ Chapitre 4 • page 181

**1** **a.** son alimentation • **b.** fossile • **c.** rayonnante • **d.** mécanique

**2** **a.** vent (renouvelable) • **b.** muscle (renouvelable) • **c.** charbon (non renouvelable) • **d.** uranium (non renouvelable)

**3** énergie chimique (sandwich) → énergie **musculaire** → énergie **mécanique** → énergie **électrique** → énergie **lumineuse**

**4** **a.** Isoler les murs diminue la perte de chaleur. • **b.** Les fenêtres récentes avec double ou triple vitrage limitent également la perte de chaleur. • **c.** Les ampoules récentes (LED, fluo-compactes, halogènes, etc.) consomment moins d'énergie électrique. • **d.** Une douche consomme moins d'eau qu'un bain, donc moins d'énergie pour chauffer l'eau.

**5** **a.** La retenue d'eau se situe plus haut que la turbine. L'eau descend donc par gravitation dans les conduites. • **b.** énergie mécanique (énergie associée au mouvement) • **c.** L'énergie est stockée dans le lac (énergie de position). Elle est transformée dans la conduite forcée et la turbine en énergie mécanique, puis dans l'alternateur en énergie électrique. • **d.** dans les habitations, les rues, les usines… • **e.** énergie de position → énergie mécanique → énergie électrique

## ▸ Chapitre 5 • page 183

**1** Vrai : **c.** • Faux : **a.** ; **b.** ; **d.**

**2** Série 1 : vertébrés
→ Ver de terre : invertébré
Série 2 : mammifères
→ Tortue : reptile
Série 3 : poissons
→ Dauphin : mammifère
Série 4 : mollusques
→ Lombric : annélide
Série 5 : mammifères
→ Manchot : oiseau
Série 6 : batraciens
→ Hérisson : mammifère

**3** Une paramécie vue au microscope grossissement faible.

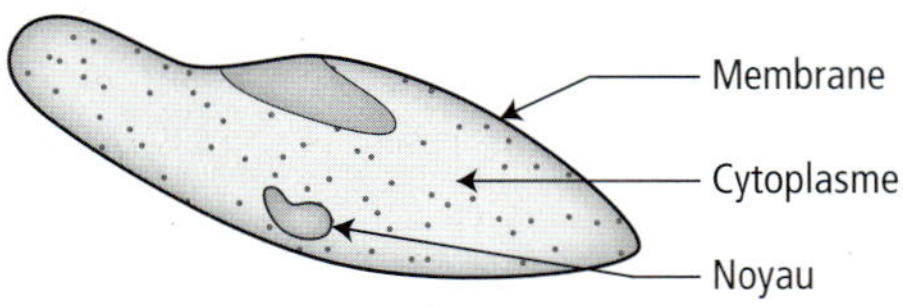


**4**

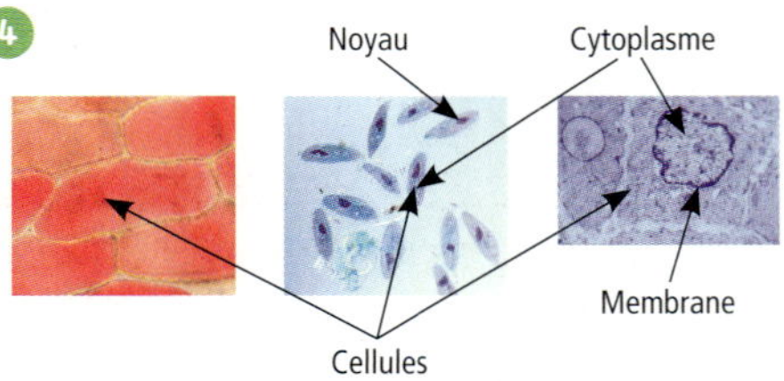


**5** **a.** Une espèce regroupe, sous le même nom, des êtres vivants qui ont des caractéristiques communes et qui peuvent se reproduire entre eux.

**b.** Les deux espèces (âne et cheval) sont très proches.

**c.** Pour former une seule espèce, les parents (âne et jument) devraient donner naissance à un être vivant lui-même capable de se reproduire. Or le mulet est stérile.

## ▸ Chapitre 6 • page 185

**1** Vrai : **b.** ; **c.** ; **d.** ; **e.** • Faux : **a.**

**2** Yaourt, lait, camembert, crème fraîche, beurre.

**3** Pain de seigle : on ajoute de la farine de seigle (céréale) à la farine de blé.

Pain au son : une partie de l'enveloppe des grains de blé est conservée.

Pain aux noix : on ajoute des morceaux de noix dans la pâte (pain qui accompagne bien certains fromages).

Pain au lait : on ajoute un peu de lait à la pâte. La mie devient plus moelleuse.

Etc.

**4** Maïs : corn-flakes, poudre pour lier les sauces, huile de maïs.

Pomme de terre : chips pour l'apéritif, fécule (pour lier les sauces), purée en flocons.

**5** Le lait est le plus équilibré, puisque protéines, lipides et glucides y sont présents en proportions voisines.

**6** **a.** porc (animal) • **b.** oie, canard ou porc (animal) • **c.** oie ou canard (animal) • **d.** fruit (végétal) • **e.** lait (animal) • **f.** fruit (végétal) • **g.** fruit (végétal) • **h.** fruit (végétal) • **i.** porc (animal)

**7** Exemples : lait gélifié aromatisé (chocolat, café, caramel…), yaourt à boire, barres de chocolat enrichi en lait, yaourt aux fruits, glaces variées aromatisées… But : satisfaire une demande croissante de goûts nouveaux.

**8** Matière première animale (en rose) : beurre, pâté, boudin noir.

Matière première végétale (en vert) : huile, corn-flakes, chocolat, vin, biscuit, bonbon, sucre.

## ▸ Chapitre 7 • page 187

**1** Vrai : **b.** ; **c.** ; **d.** • Faux : **a.** ; **e.**

**2** Le jus de pomme n'est pas fermenté. On détruit tous les micro-organismes par action de la chaleur avant de le mettre en bouteille. Le cidre, au contraire, est une boisson fermentée : les levures provoquent le dégagement de dioxyde de carbone.

**3** **a.** Autrefois, les conditions d'hygiène étaient moins strictes que maintenant. Dès sa sortie du pis de la vache, le lait, au contact avec l'air et les récipients, recevait une quantité de micro-organismes des plus divers. En faisant bouillir immédiatement le lait, on limitait leur multiplication, et on tuait par action de la chaleur ceux qui étaient déjà présents. C'était à l'époque le seul moyen d'empêcher le lait de « tourner ».

**b.** Le passage du lait pendant un bref instant à haute température (110 °C) tue les micro-organismes, sans modifier les composants du lait (lipides, glucides, protéines). Dépourvu de micro-organismes, ce lait ne fermente pas et se conserve longtemps.

**c.** Les micro-organismes sont facilement transportés dans l'air qui nous entoure. En se déposant sur le lait, ils trouvent un milieu favorable à leur développement : une fermentation commence. Mais tous les micro-organismes ne donnent pas une fermentation favorable à la santé humaine : ce lait est devenu impropre à la consommation. C'est aussi ce qui explique que, pour fabriquer yaourts et fromages, on utilise des micro-organismes soigneusement sélectionnés et on travaille à l'abri de tout apport extérieur nuisible, dans des laboratoires.

**4** Il a simplement oublié que les levures, champignons microscopiques, ont besoin de temps pour transformer une partie de l'amidon de la farine en dioxyde de carbone, responsable des trous dans la mie de pain et de sa légèreté. Après avoir préparé la pâte, il fallait donc la laisser reposer une à deux heures à une température de 25 à 30 °C pour la « faire lever » avant de la mettre au four.

**5** **a.** Du micro-organisme introduit dépend en partie la saveur du produit obtenu.

**b.** Une hygiène parfaite évitant tout apport de micro-organismes extérieurs est indispensable, car des micro-organismes autres que ceux que l'on a sélectionnés peuvent eux aussi provoquer la fermentation du lait, mais en donnant des produits différents, souvent impropres à la consommation, voire dangereux car pouvant provoquer des troubles digestifs graves chez le consommateur.

## ▸ Chapitre 8 • page 189

**1** Vrai : **b.** ; **c.** • Faux : **a.** (une larve peut être très différente de l'adulte dans sa forme et son mode de vie) ; **d.** (le chiot ressemble beaucoup à l'adulte et a le même mode de vie, donc ce n'est pas une larve) ; **e.** (les gamètes se forment sur d'autres organes et une fécondation a lieu).

**2** **a.**

| Jeune | Adulte |
|---|---|
| Pas de pattes | 4 pattes |
| Queue en forme de nageoire | Pas de queue |
| Se nourrit de végétaux | Se nourrit d'insectes |
| Incapable de se reproduire | Peut se reproduire |

**b.** Le têtard est une larve.

**3** On parle de développement **direct** lorsque le jeune, dès la naissance, ressemble à l'adulte. On parle de développement **indirect** lorsqu'il y a passage par un ou des stades intermédiaires, appelés « larves ».

**4** **a.**

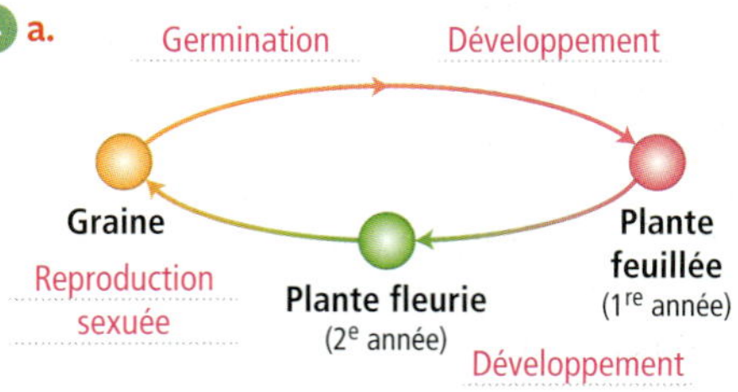


**b.** Dans le mot « bisannuelle », *bi* signifie « deux » et *annuelle* renvoie à « année ». La pensée accomplit son cycle de vie en deux années (une première année avec une plante à feuilles uniquement et une deuxième année avec floraison).

**5** **a.** et **b.**

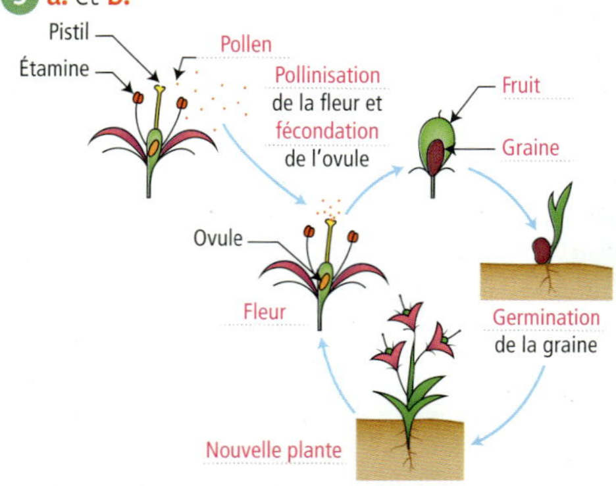


Le cycle de vie d'une plante à fleurs

## ▸ Chapitre 9 • page 191

**1** Vrai : **a.** ; **c.** ; **d.** ; **e.** • Faux : **b.** (tout être vivant en consomme).

**2** Un **producteur primaire** se nourrit exclusivement de matière minérale. Un **producteur secondaire** se nourrit de matière minérale et de matière prélevée chez d'autres êtres vivants.

**3** Au point de départ de toute chaîne alimentaire, il y a un **producteur primaire** ; tous les autres sont des **producteurs secondaires**.

**4** **Matière animale (en rose) :** chien, araignée, chat, loup, lion, mite, brochet.

**Matière végétale (en vert) :** cheval, lapin, souris, papillon, hamster, vache, tortue terrestre, carpe.

**Matière animale et végétale (en bleu) :** renard, ours, Homme, rat, moustique, mouche.

**5**

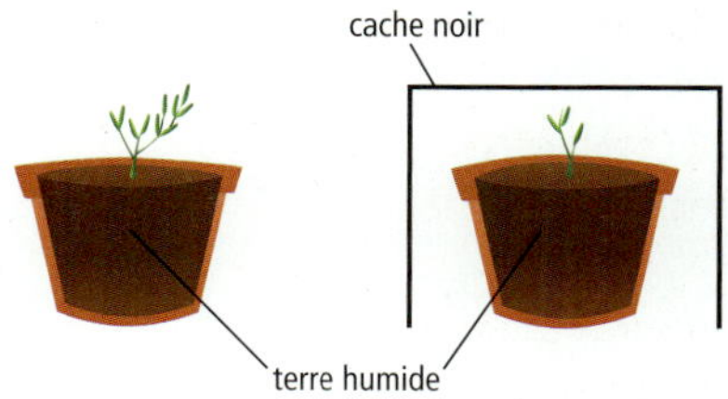


Au départ de l'expérience, les deux plantes sont choisies de même taille, avec le même nombre de feuilles. Le pot exposé à la lumière sert de référence pour comparer les résultats : c'est l'expérience témoin.

**6** **a.**

| | Masse de la terre | Masse de l'arbre |
|---|---|---|
| Au moment de la plantation | 90,99 kg | 2,3 kg |
| Cinq ans plus tard | 90,84 kg | 76,8 kg |

**b.** La masse de l'arbre a augmenté tandis que celle de la terre a diminué. Le saule a utilisé une partie des substances contenues dans la terre (sels minéraux) pour se nourrir.

**7** **a.** **Producteurs primaires** (en vert) : gland, herbe, cerise.

**Producteurs secondaires** (en rouge) : grenouille, musaraigne, escargot, grive, merle, buse, chouette, puceron, coccinelle.

**b.**

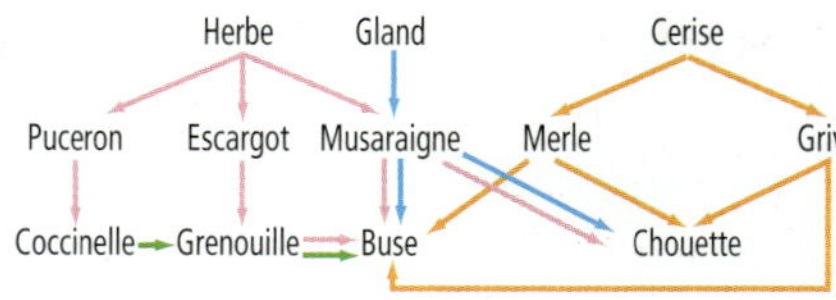


## ▸ Chapitre 10 • page 193

**1** Vrai : **b.** ; **c.** ; **e.** • Faux : **a.** ; **d.**

**2** […] Les galeries aèrent le sol, séparent les grains de terre les uns des autres, facilitant le développement des racines. […], les vers de terre […] participent à la décomposition de la matière organique. Leurs rejets (excréments) forment de la matière minérale utilisable par les plantes.

**3** Champignons.

**4** **Déchets biodégradables (en vert)** : pain rassis, marc de café, épluchures de légumes, journaux, fruit gâté, tontes de gazon, chaussettes de laine usagées, mouchoirs en papier.

**Déchets réutilisables par l'industrie (en bleu)** : bouteilles en verre, canettes de soda en métal, bouteilles en plastique, piles usagées.

**Déchets devant être détruits (en orange)** : pots de yaourt en plastique, barquettes en plastique ayant contenu de la viande.

**5** Entraînés par les pluies, ces produits arrivent dans le sol où ils détruisent les décomposeurs : la chaîne de transformation de la matière organique est rompue et les déchets organiques s'accumulent.

**6** **a.** La matière organique des feuilles mortes a été comsommée par le champignon qui s'en est nourri.

**b.** Le champignon est donc un décomposeur.

## ▸ Chapitre 11 • page 195

**1** Vrai : **a.** ; **c.** ; **e.** • Faux : **b.** ; **d.**

**2** **Objets techniques :** une moto, un lecteur mp3, une route, une cuillère en bois, une lampe de chevet, un avion, une pile, une trottinette.

**Les autres sont des objets naturels :** un caillou, un arbre, une rivière, un morceau de bois, une orange.

**3** **a.** usage • **b.** Les différents principes techniques de propulsion sont la machine à vapeur, puis les moteurs à explosion essence et diesel, puis le moteur électrique. • **c.** roues à rayons, habitacle protégeant le conducteur et ses passagers, pneumatiques, matières plastiques allégeant la voiture, profil aérodynamique, éclairage, etc. • **d.** nouvelles matières, couleurs, formes • **e.** L'esthétique des automobiles a évolué pour s'adapter aux goûts des automobilistes de chaque époque.

**4** **a.** 1. vélo pliable. 2. vélo couché. 3. tandem. 4. BMX. 5. vélo de course. 6. VTT. • **b.** vélo de course • **c.** fonction d'usage • **d.** Toutes les réponses sont acceptées. • **e.** fonction d'estime

**5** **a.** oui – couper, limer, visser, sauvegarder des données informatiques • **b.** smartphone (il sert à téléphoner, prendre des photos, noter ses rendez-vous, etc.) ; imprimante/scanner (imprimer et scanner) ; crayon de papier avec gomme (écrire et gommer) ; règle graduée (mesurer et tracer droit) ; etc.

## ▸ Chapitre 12 • page 197

**1** **a.** avancer • **b.** diriger • **c.** le moteur et les roues avant • **d.** élastique

**2** 1. perspective éclatée. 2. schéma. 3. modèle numérique 3D.

**3** **a.** **Matériaux conducteurs** : les métaux, le graphite (mines de crayons de papier). Les fils électriques, les filaments d'ampoules, les résistances des grille-pain, etc. utilisent ces matériaux.

**Matériaux isolants** : les autres. Les gaines des fils électriques, les rubans adhésifs isolants, les gants d'électriciens, etc. utilisent ces matériaux.

**b.** Plonger les différents matériaux dans un bac d'eau permet de vérifier leur flottabilité.

**c.**

| Objet technique | Matériau | Pourquoi ? |
|---|---|---|
| cocotte | fonte | bon conducteur thermique |
| pare-brise | verre | transparent |
| pull-over | laine | bon isolant thermique |

**4** **Avancer** : pédales, plateau, chaîne, pignon, roue arrière.

**Diriger** : guidon, potence, fourche, roue avant.

**Freiner** : poignées de frein, câbles, étriers de frein, patins, roues avant et arrière.

**5** **a.** Le vert symbolise la nature et, par extension, ce qui participe à sa protection. • **b.** Les matériaux recyclables peuvent être réutilisés à la fin de la vie d'un objet. Les matériaux naturels sont issus de la nature (ils ne sont pas fabriqués par l'Homme). Ils sont à privilégier car leur impact sur l'environnement est faible : ils produisent peu de déchets. • **c.** Les matériaux renouvelables sont des matériaux qui peuvent être utilisés par l'Homme sans que leurs réserves naturelles ne s'épuisent.

## ▸ Chapitre 13 • page 199

**1** Vrai : **a.** • Faux : **b.** (d'eau salée) ; **c.** (les premiers êtres vivants étaient aquatiques).

**2** rocheuse – Soleil – orbite – liquide – dioxygène – vie.

**3** **a.** La couleur bleue correspond aux mers et océans.

**b.** On la surnomme ainsi parce que les mers et océans occupent la plus grande partie de la surface de la Terre (70 %).

**4** La planète Neptune est située à une telle distance du Soleil que la température à sa surface est probablement trop basse pour permettre la vie. (En réalité, elle est de – 215 °C environ.)

**5** **a.** Les grands animaux et végétaux aquatiques sont apparus il y a 525 millions d'années. • **b.** Les dinosaures sont apparus il y a 230 millions d'années, c'est-à-dire avant les mammifères, apparus il y a 220 millions d'années. • **c.** Non, car les plantes à fleurs sont apparues il y a 150 millions d'années, donc 80 millions d'années après les dinosaures. • **d.** Reptiles : 330 millions d'années ; Homme : 3 millions d'années. 330 – 3 = 327. Donc, il s'est écoulé 327 millions d'années entre l'apparition des reptiles, et celle de l'Homme.

## ▸ Chapitre 14 • page 201

**1** Vrai : **c.** • Faux : **a.** ; **b.** (un cyclone arrache tout sur son passage) ; **d.** (13 300 communes, dont 300 grandes agglomérations sont en zone inondable en France, principalement dans le Sud-Est, mais aussi en Vendée par exemple).

**2** **a.** **Dégâts aux personnes** (souligné rouge) : 100 victimes ; 25 000 personnes sans abri ; 35 000 sinistrés.

**Dommages matériels** (souligné bleu) : perte de 60 % de la production de canne à sucre et de toute la production de bananes ; il a anéanti les activités liées à la pêche ; coût des réparations [...] 610 millions d'euros.

**b.** Outre le décès de nombreuses victimes, le cyclone a eu pour conséquence la ruine de l'activité économique, accentuant la pauvreté de l'île.

**3** **Preuves de l'activité interne :** les séismes sont des fractures des roches.

La lave des volcans est de la roche en fusion propulsée en surface depuis les profondeurs de la Terre (chaleur et mouvement).

**Preuves de l'activité externe :** la sécheresse est causée par une chaleur importante et durable.

Les inondations résultent du déplacement d'eau venant envahir les zones de surface.

Les cyclones sont un déplacement violent de masses d'air.

**4** **a.** Le bâtiment est disloqué.

**b.** La destruction du bâtiment est due à la force exceptionnelle du vent lors du passage du cyclone.

**c.** Les forces mises en jeu sont telles qu'il est difficile de s'en préserver. Il est toutefois possible de prévenir certains dégâts en construisant des bâtiments conçus pour résister à des vents violents.

## ▸ Chapitre 15 • page 203

**1** Vrai : **b.** ; **c.** • Faux : **a.** (la migration s'accompagne toujours du retour au pays d'origine) ; **d.** (bien plus qu'un simple sommeil, l'hibernation est un ralentissement du fonctionnement de tout l'organisme).

**2**

**3** **a.**

**b.** Les hirondelles quittent l'Angleterre et la France en direction du continent africain : Mauritanie, Côte-d'Ivoire et Afrique du Sud en particulier.

**c.** et **d.** Première explication possible : la diminution de la température en automne. Expérience : dans de vastes volières, on place des hirondelles et maintient une température d'été, puis on observe leur comportement.

Deuxième explication possible : la diminution de l'éclairement en automne. Expérience : on place des hirondelles dans des volières éclairées comme en été, puis on observe leur comportement.

Troisième explication possible : la diminution de l'alimentation des hirondelles en automne, car de nombreux insectes meurent à la fin de l'été. Expérience : on élève des insectes que l'on fournit à volonté aux hirondelles, puis on observe le comportement de ces dernières.

*Remarque* : ces expériences ont été réalisées. Aucune ne donne de résultats significatifs. Il semble que plusieurs conditions du milieu (température, lumière, nourriture) et d'autres éléments encore mal connus interviennent dans ce comportement migratoire.

**4** **a.** La population d'animaux aquatiques diminue après le passage de la rivière dans le village. La population des animaux dans l'air est très faible dans la zone qui entoure le village.

**b.** Les rejets des eaux usées polluent la rivière, détruisant les végétaux dont se nourrissent les animaux aquatiques et tuant ces animaux eux-mêmes. Les fumées d'usines, des cheminées des maisons et les gaz d'échappement des véhicules envoient dans l'air des particules toxiques pour les animaux.

**c.** Installation d'une station d'épuration qui traiterait l'eau avant son rejet à la rivière. Installation de filtres au niveau des cheminées d'usines pour limiter le rejet de particules toxiques. Emploi de carburants moins polluants par les véhicules (essence sans plomb) et utilisation de véhicules électriques.

**5** **a.** Les plantes annuelles passent l'hiver sous forme de graines.

**b.** Les plantes vivaces conservent certains organes aériens (troncs, tiges, feuilles) ou souterrains (racines, bulbes...).

## ▸ Chapitre 16 • page 205

**1** Vrai : **a.** ; **b.** ; **c.** ; **d.** • Faux : **e.**

**2** **a.** Action nuisible, car les grands arbres servent d'abri à de nombreuses espèces animales. De plus, leurs racines profondes s'enfoncent dans le sable qui n'est ainsi pas emporté par le vent.

**b.** Action nuisible, car en laissant les branches se décomposer sur place, elles participeraient à la formation d'un sol où pourraient vivre des animaux, tandis que ses composants permettraient aux arbres laissés en place de forcir.

**c.** Action nuisible, car les produits chimiques polluent les rivières et sont une menace pour les végétaux aquatiques et les animaux qui peuplent la rivière.

**d.** Action bénéfique, car si on observe comment varie l'aspect de la forêt sur une durée de 40 à 50 ans, on ne remarque pas de changement fondamental. Les populations végétale et donc animale sont conservées.

**e.** Action nuisible, car un simple mégot de cigarette peut être à l'origine de la destruction de toute une forêt.

**f.** Action bénéfique, car en cas d'incendie de forêt, ce sont les fines broussailles au ras du sol qui brûlent en premier et favorisent l'extension du feu.

**3** 1. Pollution par les gaz d'échappement des voitures.

2. Diminution de l'espace de liberté et de circulation pour le grand gibier (cerfs, sangliers).

3. Mort de nombreux animaux (insectes, oiseaux) par collision avec les véhicules.

**4** Le remplacement des forêts par des champs est directement lié à l'augmentation de la population des villes et donc à l'augmentation des besoins en surfaces cultivables servant à l'alimentation. Ce changement est défavorable, puisqu'il permet à la population des petits animaux des champs, déjà abondante, de se multiplier encore, tandis que disparaissent les grands animaux tels que les cerfs, chevreuils, etc.

**5** **a.** Les grandes étendues permettent l'utilisation de machines agricoles de très grande taille, pilotées par une seule personne, d'où un gain de temps et d'argent important.

**b.** La disparition des haies entre les champs entraîne la disparition des petits animaux qui y trouvent habituellement refuge, en particulier les oiseaux.

## ▸ Test-Bilan • page 206

**1.** est constitué de plusieurs corps purs mis ensemble. • **2.** ne peut être défini que par rapport à un autre objet servant de repère. ; est dit « uniforme » si sa vitesse est constante. • **3.** peut prendre diverses formes. ; doit être économisée. • **4.** le nom donné à l'unité de constitution de tout organisme. • **5.** peuvent être utilisés pour la fabrication de certains aliments. ; sont à l'origine du goût de certains aliments. • **6.** est l'ensemble des transformations qu'il subit de la fécondation à l'état adulte. • **7.** permet de l'adapter aux besoins des utilisateurs. ; s'accompagne fréquemment de changements de principes techniques. • **8.** sont choisis pour répondre à des contraintes (telles que le coût, la forme souhaitée, l'usage, etc.). ; sont classés par grandes familles. ; sont choisis pour leurs propriétés physiques ou chimiques. • **9.** présente des caractéristiques physiques et chimiques favorables à l'apparition de la vie. ; est actuellement la seule planète où la vie est connue. • **10.** est en constante évolution, en raison de phénomènes volcaniques, sismiques, météorologiques et climatiques. ; est une planète où certains volcans peuvent menacer la vie humaine. • **11.** est dictée par le souci d'améliorer ses conditions de vie.

# ANGLAIS

## ▸ Chapitre 1 • page 209

**1** **a.** No, he isn't. • **b.** Yes, I am. • **c.** Yes, she is. • **d.** Yes, it is. • **e.** No, they aren't.

**2** **a.** is • **b.** are • **c.** are • **d.** is • **e.** am • **f.** are

**3** **a.** There is a poster. • **b.** There are (six) chairs. • **c.** There is a teacher. • **d.** There is a blackboard. • **e.** There are (three) books.

**4** **a.** My sister Mary is very hungry and thirsty. • **b.** He is twelve. • **c.** There is a dog and two cats in the car.

**5** **a.** These are your books. • **b.** Those are Jack's bikes. • **c.** That flower is expensive. • **d.** I don't like this painting.

**6** This strange monkey is wearing a green **skirt**, a yellow **shirt**, an orange **jacket**, blue **socks** and black **shoes**.

**7** **a.** There are • **b.** There is • **c.** There are • **d.** There is

## ▸ Chapitre 2 • page 211

**1** Pluriels en *-s* : **a.**, **c.**, **d.**, **f.**, **g.** • Pluriels en *-es* : **b.**, **e.**, **h.**

**2** **a.** a • **b.** a, an • **c.** Ø • **d.** an • **e.** an

**3** Il faut souligner *the* pour : the article, the umbrella, the hour

**4** **a.** I can see three women. • **b.** I can see two babies. • **c.** There are four tomatoes and two potatoes.

**5** **a.** Is Helen a florist? No, she isn't. She's a grocer. • **b.** Is Ben a doctor? No, he isn't. He's a dentist. • **c.** Are Sam and Simon painters? No, they aren't. They're policemen. • **d.** Are you a writer? No, I'm not. I'm a musician.

**6**

| | | | | | | | | | | | |
|---|---|---|---|---|---|---|---|---|---|---|---|
| | | | G | R | O | C | E | R | | | |
| | | | | | N | U | R | S | E | | |
| | F | L | O | R | I | S | T | | | | |
| | | | W | A | I | T | E | R | | | |
| | | | | | P | O | S | T | M | A | N |
| P | O | L | I | C | E | M | A | N | | | |
| | | | B | A | K | E | R | | | | |
| | D | O | C | T | O | R | | | | | |

Mot mystère : **customer**

**7** Dénombrables : glass, book, computer, orange, chair • Indénombrables : sugar, bread, money, milk, time, water, salt

## ▸ Chapitre 3 • page 213

**1** **a.** Mary • **b.** Sue • **c.** Ben • **d.** Brian • **e.** Johanna

**2** **a.** How much work has Patricia got? • **b.** How many sisters has Fred got? • **c.** How many cars have John's parents got? • **d.** How much bread have you got?

**3** **a.** some • **b.** any • **c.** some • **d.** any

**4** **a.** No, there aren't any. There are some pictures on the wall.

**b.** No, there isn't any. There is some milk in the bottle.

**c.** No, there aren't any. There are some balls in the bag.

**5** Les mots de la grille : daughter • niece • cousin • mother • nephew • uncle • son • grandmother • grandfather

Mot mystère : **aunt**

**6** **a.** has • **b.** is • **c.** is • **d.** has

## ▸ Chapitre 4 • page 215

**1**

| | | | | | | | | | | | |
|---|---|---|---|---|---|---|---|---|---|---|---|
| | | | old ⇩ | | | | hot ⇨ | C | O | L | D |
| | | | N | | ⇩ big | | | L | | | |
| E | X | P | E | N | S | I | V | E | ⇦ cheap | | |
| | | | W | | M | | | A | | | |
| | | good ⇨ | | B | A | D | | N | | | |
| | | | | | L | | | ⇧ dirty | | | |
| | | | | short ⇨ | L | O | N | G | | | |

**2** **a.** Your shoes are dirty. • **b.** My English teacher is interesting. • **c.** Her new dress is expensive.

**3** **a.** Your bag is heavier than my bag. • **b.** California is hotter than Canada. • **c.** Jane is smaller than Allison. • **d.** Michael is happier than Jonathan.

**4** **a.** quickly • **b.** simply • **c.** well • **d.** happily • **e.** quietly • **f.** fast • **g.** kindly • **h.** badly

**5** **a.** nose • **b.** hand(s) • **c.** mouth • **d.** eyes • **e.** legs, feet • **f.** ears

**6** **a.** more expensive than • **b.** more expensive than • **c.** as expensive as/as cheap as • **d.** cheaper than/less expensive than • **e.** as expensive as/as cheap as

## ▸ Chapitre 5 • page 217

**1** **a.** his • **b.** her • **c.** their • **d.** our

**2** **a.** No, it isn't. It's the Browns'. • **b.** No, it isn't. It's Britney's. • **c.** No, they aren't. They're Brian's. • **d.** No, it isn't. It's Cathy's.

**3** **a.** Whose glasses are they? • **b.** Whose pen is it? • **c.** My friend is Mike's brother. • **d.** I like John but I don't like his brother/John's brother. • **e.** My mother is Pierre's cousin.

**4** **a.** I like **his/her** car. • **b.** Look at **their** new television. • **c.** Allison always plays with **his** sister. • **d.** Where is **his/her** bike?

**5** **a.** a toothbrush • **b.** a knife, a spoon, a fork • **c.** my umbrella • **d.** a camera • **e.** a bottle • **f.** my computer

**6** **a.** Whose baby is it? It's Karen's baby.

**b.** Whose toys are they? They're the girls' toys.

**c.** Whose dictionary is it? It's Jessica's dictionary.

**d.** Whose bikes are they? They're the children's bikes.

## ▸ Chapitre 6 • page 219

**1** **a.** Yes, I am. • **b.** No, he isn't. • **c.** Yes, they are. • **d.** No, we aren't.

**2** **a.** He's washing his socks. • **b.** What is she doing? She's eating chocolate. • **c.** What are they doing? They're pushing a car. • **d.** What is she doing? She's dancing on the table/desk.

**3** **a.** Peter isn't making a cake. • **b.** His parents aren't painting the garage. • **c.** The English tourists aren't taking pictures. • **d.** I'm not listening to music.

**4** **a.** Rachel is cleaning my room. • **b.** My father is repairing my bicycle/bike. • **c.** I'm watching TV now/at the moment.

**5** **a.** bedroom • **b.** dining room • **c.** living room • **d.** kitchen • **e.** garden • **f.** garage

**6** **a.** takes • **b.** is watching • **c.** get up • **d.** Do you drink?

## ▸ Chapitre 7 • page 221

**1** **a.** Yes, it does. • **b.** Yes, they do. • **c.** No, I don't. • **d.** No, he doesn't.

**2** **a.** Does it often rain here? It doesn't often rain here.

**b.** Do your cousins live in New York? My cousins don't live in New York.

**c.** Do you like your dog? I don't like my dog.

**3** **a.** drives • **b.** is sleeping • **c.** goes • **d.** is watching • **e.** cooks

**4** **a.** They **often** go to school by bus. • **b.** I am **never** late. • **c.** My parents **always** get up very early.

**5** **a.** I never play tennis. • **b.** It always rains in my town/city. • **c.** My uncle never watches TV.

**6** **a.** June • **b.** March • **c.** November • **d.** September

**7**

| | | | | | | | | | |
|---|---|---|---|---|---|---|---|---|---|
| W | E | D | N | E | S | D | A | Y | |
| | | S | A | T | U | R | D | A | Y |
| | | | M | O | N | D | A | Y | |
| T | H | U | R | S | D | A | Y | | |
| T | U | E | S | D | A | Y | | | |
| F | R | I | D | A | Y | | | | |

**8** **a.** Does • **b.** do • **c.** Do • **d.** does • **e.** Do

## ▸ Chapitre 8 • page 223

**1** **a.** How old • **b.** Where • **c.** What • **d.** How • **e.** Whose

**2** **a.** Whose books are these? • **b.** Who is the man behind your car? • **c.** How many brothers have you got?

**3** **a.** How old is Ken? • **b.** What is Pat doing? • **c.** Whose flowers are these? • **d.** When are you leaving? • **e.** Where does Stuart live?

**4** **a.** How old • **b.** How many • **c.** How much • **d.** How

**5** **a.** Where do you work? • **b.** How old are you? • **c.** How many books are you reading (at the moment)?

**6** **a.** tiger • **b.** lion • **c.** bear • **d.** monkey • **e.** bird • **f.** snake • **g.** camel

**7** **a.** at • **b.** for • **c.** to • **d.** from • **e.** on/with

## ▸ Chapitre 9 • page 225

**1** **a.** présent • **b.** futur

**2** She's going to send a telegram to Uncle John. • She's going to meet Mr Parker. • She's going to go to the florist's. • She is going to call the doctor. • She's going to buy a birthday card.

**3** **a.** Is Benjamin going to play tennis? Yes, he is. • **b.** Is Matthew going to go to the party? No, he isn't. • **c.** Are Jessica and Allison going to clean their room? Yes, they are.

**4** **a.** Sam is going to go/is going to the swimming pool tomorrow. • **b.** Her friends are going to take/are taking the train at eight.

**5** **a.** The policeman is going to stop the car.

**b.** The fireman is going to climb up the ladder.

**c.** The acrobat is going to walk on the rope.

**d.** The baseball player is going to throw the ball.

**6** **a.** cereals, butter, toast, orange juice, jam, tea, coffee, bread, eggs, fruit

**b.** bread, chicken, peas, potatoes, beans, cheese

**7** **a.** it isn't • **b.** he is • **c.** they are

## ▸ Chapitre 10 • page 227

**1** **a.** can't • **b.** must • **c.** must/can • **d.** can't • **e.** mustn't • **f.** must • **g.** can • **h.** mustn't

**2** **a.** he can't/cannot • **b.** I can • **c.** they can't/cannot • **d.** I can

**3** **a.** Can Bernie go out? No, he can't. He must do his homework.

**b.** Can Wendy and Peter watch TV? No, they can't. They must help their mum.

**4** **a.** I can play football. • **b.** I must not walk on the grass. • **c.** I must do my homework. • **d.** I can't swim.

**5** **a.** Karen plays cards. • **b.** Keith collects stamps. • **c.** Katlyn plays the piano. • **d.** Kimberley dances. • **e.** Kevin plays tennis.

**6** **a.** impossibilité • **b.** capacité • **c.** interdiction • **d.** obligation • **e.** permission

## ▸ Chapitre 11 • page 229

**1** **a.** twenty-eight • **b.** ninety-one • **c.** thirteen • **d.** a/one hundred and twenty-eight • **e.** two hundred and twenty • **f.** eighty-eight

**2** **a.** 53 • **b.** 17 • **c.** 180

**3** **a.** 1982 • **b.** 1789 • **c.** 1873

**4** **a.** It's half past twelve. • **b.** It's (a) quarter to nine. • **c.** It's twenty-five past four. • **d.** It's seven o'clock. • **e.** It's ten past five.

**5** **a.** May 12th/May the twelfth • **b.** June 3rd/June the third • **c.** June 30th/June the thirtieth • **d.** May 24th/May the twenty-fourth • **e.** May 1st/May the first

**6** **a.** under • **b.** in front of • **c.** between • **d.** behind • **e.** on

**7**

## ▸ Chapitre 12 • page 231

**1** **a.** worked • **b.** made • **c.** was • **d.** loved • **e.** went • **f.** had • **g.** gave

**2** **a.** I did • **b.** it wasn't • **c.** he/she did

**3** **a.** I didn't go to school. I went to the circus.

**b.** I didn't listen to the radio. I washed the/my car.

**c.** I wasn't angry. I was happy.

**4** **a.** Did his brother go to the concert yesterday? His brother didn't go to the concert yesterday.

**b.** Were we late this morning? We weren't late this morning.

**c.** Did you go to the cinema last night? You didn't go to the cinema last night.

**5** Le moyen de transport : **helicopter**

**6** Il faut relier les ballons : fall, fell • sit, sat • see, saw • write, wrote • keep, kept • buy, bought • begin, began

## ▸ Test-Bilan • page 232

**1.** is • **2.** any • **3.** his • **4.** us • **5.** that • **6.** Valentino comes from Rome. • **7.** two thousand and nineteen • **8.** There are • **9.** be • **10.** plays • **11.** is playing • **12.** will • **13.** cannot • **14.** Yes, he does. • **15.** were • **16.** Lucas can swim. • **17.** I saw my cousin yesterday. • **18.** What ... for • **19.** How many • **20.** 5th, ou the 5th (surtout à l'oral) • **21.** Emma was born in May. • **22.** It often rains in London.

# NOTES PERSONNELLES

# Bescherelle

## La référence au collège

**www.bescherelle.com**
Des compléments pour s'entraîner !

Hatier

Tout Savoir
Pour comprendre et progresser !

# Le Guide parents

détachable

## Toute ma 6e

- Tous les **CORRIGÉS** détaillés
- Les **programmes** expliqués
- Des **conseils** pour accompagner votre enfant selon son **profil**

Hatier